Vera Komarova

Muitos "desenvolvimentos" num só mundo

Vera Komarova

Muitos "desenvolvimentos" num só mundo

ScienciaScripts

Imprint

Any brand names and product names mentioned in this book are subject to trademark, brand or patent protection and are trademarks or registered trademarks of their respective holders. The use of brand names, product names, common names, trade names, product descriptions etc. even without a particular marking in this work is in no way to be construed to mean that such names may be regarded as unrestricted in respect of trademark and brand protection legislation and could thus be used by anyone.

Cover image: www.ingimage.com

This book is a translation from the original published under ISBN 978-3-659-89191-5.

Publisher:
Sciencia Scripts
is a trademark of
Dodo Books Indian Ocean Ltd. and OmniScriptum S.R.L publishing group

120 High Road, East Finchley, London, N2 9ED, United Kingdom
Str. Armeneasca 28/1, office 1, Chisinau MD-2012, Republic of Moldova, Europe
Managing Directors: Ieva Konstantinova, Victoria Ursu
info@omniscriptum.com

Printed at: see last page
ISBN: 978-620-3-32513-3

Índice

INTRODUÇÃO:
Repensar o desenvolvimento do território nas investigações comparativas globais
A ideia desta investigação surgiu na sequência de numerosos contactos e viagens científicas internacionais, bem como de alguns anos de trabalho do autor sobre o tema do desenvolvimento do território (Lonska, Boronenko 2012, 2013; Boronenko, Drezgic 2014). Uma série de exemplos práticos que, à primeira vista, não parecem muito importantes para a compreensão científica do desenvolvimento do território, mas que, no seu conjunto, se tornam um impulso para repensar o desenvolvimento do território no mundo global moderno:

•	Enquanto participava na conferência internacional no Paquistão, o autor (Boronenko 2013) pensou: como podemos comparar, por exemplo, o PIB do Paquistão e o da Letónia, se o Paquistão não produz/consome álcool, não utiliza os serviços de uma estação de reabilitação e de tratamento de toxicodependentes, não tem discotecas, casas de jogo, bares de striptease (os chamados "antigods" (Rosefielde 2002)) - tudo o que contribui para uma parte considerável do PIB na Letónia, bem como nos outros países ditos "desenvolvidos"?

•	Ao lerem as experiências da cantora soviética L. Zykina sobre a sua viagem aos EUA em 1965, os autores encontraram uma descrição de um salão de beleza para cães em Nova Iorque que oferecia, para além de outras coisas, pestanas falsas para caniches, pedicuras para bichons, etc. Atualmente, o mercado europeu pode oferecer outra "coisa importante" para os cães - exercícios de ioga.

•	Nos Países Baixos, existe um serviço - um passeio de autocarro pela cidade com guia para os peluches preferidos dos ricos que, segundo os seus donos, "estão cansados de ficar em casa".

•	Os profissionais de TI de todo o mundo ganham muito dinheiro criando jogos electrónicos de necessidade duvidosa que são muito procurados e "consomem" o tempo de crianças e adultos.

A partir de todas estas observações, há um forte sentimento de que o campo da economia que trata do desenvolvimento do território - Economia do Desenvolvimento (Sen 1983; Todaro, Smith 2011; Thirlwall 2005, 2011), bem como as classificações internacionais (por exemplo, The Global Competitiveness Report (GCR) do World Economic Forum (WEF)) nas suas pesquisas cometem um erro sistémico perdendo de vista que nem sempre é correto dividir os países em territórios "desenvolvidos" e "subdesenvolvidos", pelo menos tendo em consideração os seguintes dados (ver Figuras 1 e 2) que mostram a interligação entre as questões económicas e alguns indicadores de desenvolvimento humano.

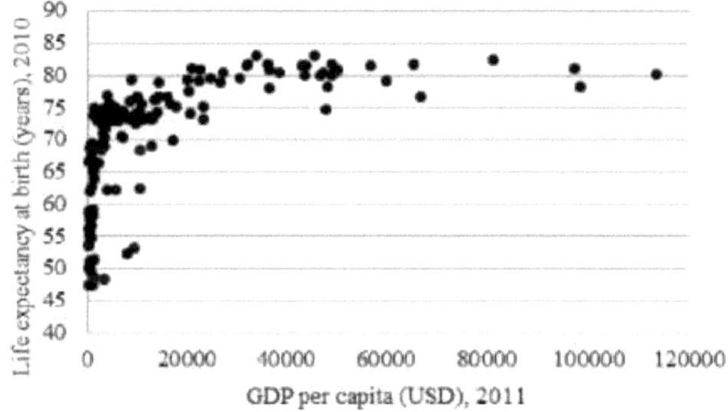

Fonte: Schwab, 2012.

Fig. 1. **Interligação entre o PIB per capita e a esperança de vida no mundo global, 2010-11, n = 114 países**

A partir dos dados apresentados na Figura 1, pode concluir-se que, apesar de uma interconexão positiva direta geral entre o PIB per capita e a esperança de vida no mundo global, o mesmo nível de esperança de vida da população de um país, que, na opinião dos autores, é um dos indicadores mais significativos do estado de desenvolvimento do território, pode ser alcançado com um nível realmente diferente de produção de bens e serviços na economia do país: a esperança de vida na Letónia e no Irão é a mesma - 73.8 anos, mas o PIB per capita na Letónia é quase 3 vezes superior ao do Irão - 15.205 USD e 4.751 USD, respetivamente (Schwab 2014); na Croácia, a esperança de vida é de 76,9 anos, na Albânia - 77,4 anos, mas o PIB per capita na

Croácia é de 13.562 USD, mas na Albânia - 4.610 USD (Schwab 2014).

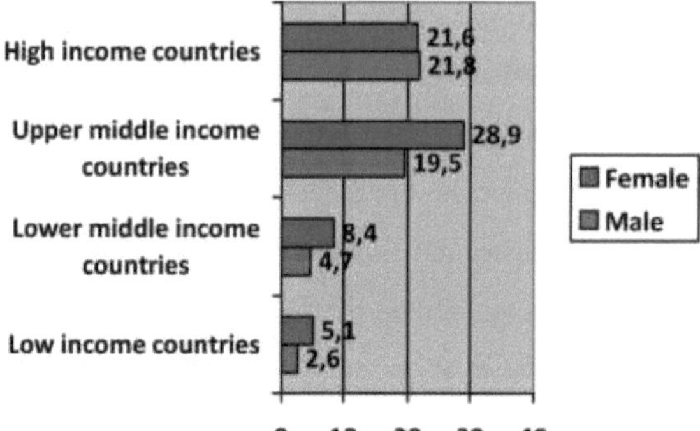

Fonte: Organização Mundial de Saúde 2013.

Fig. 2. **Interligação entre o nível de rendimento de um país e o peso unitário das pessoas obesas (adultos com idade >20 anos que são obesos, %), 2013**

Como se pode ver na Figura 2, a obesidade pode ser referida às chamadas "doenças da civilização" que começam a ocupar os primeiros lugares entre os factores de morte humana nos países "desenvolvidos". Estas doenças dependem cada vez mais do estilo de vida que as pessoas escolhem, bem como da sua capacidade de utilizar os recursos disponíveis (Pakholok 2013; Boronenko, Drezgic 2014).

Colocam-se questões fundamentais: É possível considerar o desenvolvimento real de um país, baseando-se (pelo menos em parte) nos vícios humanos (alcoolismo, toxicodependência, etc.) e nos desejos das pessoas que poderiam ser objeto de psiquiatria (cosméticos e exercícios de ioga para cães, excursões para brinquedos, etc.)? Será altura de mudar o enfoque de *quanto* a economia produz, para o *que* produz, *como* (utilizando que recursos e em que quantidades) e *porquê* (para que fins?), ou seja, substituir um paradigma evolucionista (quantitativo) de desenvolvimento do território por um paradigma pluralista (qualitativo), que considera a existência de diferentes tipos essenciais (qualidades) de desenvolvimento do território, ou seja, a existência de muitos "desenvolvimentos" - em vez de uma única trajetória quantitativa de desenvolvimento do território - no mundo global?

O principal objetivo da investigação é oferecer uma nova orientação cientificamente fundamentada para o desenvolvimento do território no mundo global, com base na análise do desenvolvimento dos países actuais. Por que razão é necessária uma nova orientação? A resposta a esta pergunta é bastante simples e já foi dada há décadas no primeiro relatório do Clube de Roma "Os limites do crescimento", que utilizou a abordagem dos recursos, perguntando à humanidade: "Existem recursos suficientes para permitir o desenvolvimento económico dos 7 mil milhões de pessoas esperadas para o ano 2000, com um nível de vida razoavelmente elevado? Mais uma vez, a resposta tem de ser condicional. Depende da forma como as sociedades que mais consomem recursos lidam com algumas decisões importantes que se avizinham. Poderão continuar a aumentar o consumo de recursos de acordo com o padrão atual. Poderão aprender a recuperar e a reciclar os materiais deitados fora. Poderão desenvolver novas concepções para aumentar a durabilidade dos produtos fabricados com recursos escassos. Poderiam encorajar padrões sociais e económicos que satisfizessem as necessidades de uma pessoa, minimizando, em vez de maximizar, as substâncias insubstituíveis que possui e dispersa" (Meadows et al. 1972). "A maioria das políticas funciona através do aumento dos custos dos recursos. A reciclagem e uma melhor conceção dos produtos são dispendiosas; na maior parte do mundo, são hoje consideradas "não económicas" (Meadows et al. 1972).

Assim, a limitação dos recursos naturais que não são suficientes para proporcionar conforto a toda a população mundial (não o proporcionar a todos é desumano e é uma razão permanente para conflitos e remodelação do mundo) é um limite natural para o aumento da produção e do consumo, ou seja, o crescimento económico de acordo com a economia capitalista orientada para o consumo. Por conseguinte, a última opção proposta pelo Clube de Roma - incentivar padrões sociais e económicos que satisfaçam as necessidades das pessoas com uma utilização mínima dos recursos naturais - suscita algum interesse.O autor supõe que o desenvolvimento dos países no mundo moderno é possível sem a aceleração da produção e do consumo intensivos em recursos, e mesmo sem o aumento da produção e do consumo como tal, ou seja, através da melhoria de um ambiente institucional dentro do país. O autor supõe que os "muitos desenvolvimentos" acima mencionados, percebidos no âmbito do paradigma pluralista do desenvolvimento do território, podem ser descritos com base num recurso dominante ou num "pano de fundo" institucional num ou noutro país (ou num grupo de países), bem como com base nos resultados da "realização" deste pano de fundo, ou seja, o estado alcançado de desenvolvimento do território.

A investigação que conduziu a estes resultados recebeu financiamento da União Europeia Sétimo Programa-Quadro (FP7 2007-2013) ao abrigo do acordo de subvenção n.º 291823 Marie Curie FP7-PEOPLE-2011-COFUND (O novo Programa Internacional de Bolsas de Mobilidade para Investigadores Experientes na Croácia - NEWFELPRO). Este livro foi elaborado como parte do projeto "Rethinking Territory Development in Global Comparative Researches (Rethink Development)" que recebeu financiamento através do projeto NEWFELPRO ao abrigo do acordo de subvenção n.º 10. O cientista responsável pelo projeto é o Dr. Sasa Drezgic da Universidade de Rijeka (Croácia).O autor está muito grato pelo valioso feedback e comentários recebidos durante os estudos de caso sobre o desenvolvimento do território de colegas do Centro de Investigação da Universidade de Akureyri (UARC), localizado no Norte da Islândia - em primeiro lugar, do Dr. Hjalti Johannesson, bem como de especialistas locais no Camboja - Dr. Sreang Chheat, o Coordenador do Programa no Centro de Estudos Khmer (CKS), Dr. Pisey Khin, Diretor do Instituto Nuppun de Investigação Económica (NUPPUN), Sr. Paul Robinson, professor convidado do Reino Unido na Universidade Real de Belas Artes localizada em Phnomom. Pisey Khin, diretor do Instituto Nuppun de Investigação Económica (NUPPUN), Paul Robinson, professor convidado do Reino Unido na Universidade Real de Belas Artes, situada em Phnom Penh, e Leona Gowanlock, enfermeira voluntária do Canadá, que trabalhou no Mercy Medical Center - um hospital cristão nos arredores de Phnom Penh.

O autor está muito grato ao pessoal científico e administrativo da Faculdade de Economia da Universidade de Rijeka, onde o projeto "Rethinking Territory Development in Global Comparative Researches (Rethink Development)" foi realizado durante 2014-2016. - Heri Bezic, Cientista Responsável, Dr. Sasa Drezgic, Marko Donadic, Vanja Tatalovic e Dora Medved. O apoio e o amor do meu marido Nikolay Komarov e de toda a família foram especialmente valiosos para a conclusão bem sucedida deste projeto de investigação.

ASPECTOS TEÓRICOS E METODOLÓGICOS DO DESENVOLVIMENTO DO TERRITÓRIO

O atual declínio da competitividade de muitos países capitalistas altamente desenvolvidos com uma economia orientada para a inovação estimula os cientistas a encontrar explicações para este facto, repensando o quadro concetual do desenvolvimento do território. O autor sugere que se abandone a compreensão quantitativa deste fenómeno, que se restringe especificamente à economia, ou seja, que se substitua um paradigma evolutivo (quantitativo) de desenvolvimento do território por um paradigma pluralista (qualitativo), que considere a existência de diferentes "desenvolvimentos" - em vez de uma única via quantitativa de desenvolvimento do território - no mundo global. O principal foco e objetivo de qualquer desenvolvimento do território não é a produção de mais bens e serviços (que em muitos casos são "anti-bens" e "anti-serviços"), mas a "produção de pessoas de qualidade" nesse território

1.1. Quadro de investigação e interpretação dos principais conceitos

No âmbito do projeto de investigação científica atualmente realizado pelo autor "Rethinking Territory Development in Global Comparative Researches (Rethink Development)", apoiado pelo programa Marie Curie FP7-PEOPLE-2011-COFUND - NEWFELPRO (The New International Fellowship Mobility Program for

Investigadores experientes na Croácia) foi criada a Classificação Global do Desenvolvimento Territorial[1] . Utilizando esta aplicação de TI, foi identificada uma tendência atual de que a capacidade de crescimento de muitos países que costumamos considerar "desenvolvidos" não é apenas inferior à dos chamados países "em desenvolvimento" (tal como acontece com o princípio da convergência cientificamente comprovado), mas muitas vezes é mesmo negativa (Boronenko, Lonska 2013).

Por exemplo, de acordo com os dados publicados durante os últimos 5 anos pelo Fórum

---

[1] A Classificação Global do Desenvolvimento Territorial (http://cler.uniri.hr/rethinkdevelopment/web/) é uma aplicação informática interactiva criada pelos especialistas do Centro de Desenvolvimento Económico Local (CLER) da Faculdade de Economia da Universidade de Rijeka (Croácia). Pelo seu conteúdo, é uma espécie de alternativa à classificação da competitividade global publicada anualmente pelo Fórum Económico Mundial (WEF) no Relatório sobre a Competitividade Global. Utilizando os dados sobre o Índice de Competitividade Global (ICG) fornecidos pelos relatórios anuais acima referidos, foi calculado o crescimento/declínio do ICG (diferença entre o ICG do ano em curso e do ano anterior) - tanto anual como médio para o período de 2005-2015 - e os países foram classificados de acordo com a sua capacidade de crescimento, tal como foi feito pelo FEM com o atual nível de competitividade (ICG) dos países do mundo.

Económico Mundial sobre o Índice de Competitividade Global, ou seja, no período 2011-2015, os 10 principais países - Suíça, Singapura, EUA, Finlândia, Alemanha, Suécia, Países Baixos, Reino Unido, Hong Kong, Japão (em 2011, a Dinamarca substituiu Hong Kong no top 10) - ocuparam permanentemente os primeiros 10 lugares na Classificação de Competitividade Global. Nenhum destes países, com exceção dos Países Baixos e de Hong Kong, apresenta uma tendência positiva de crescimento da sua competitividade se olharmos para a variação média anual do Índice de Competitividade Global para o período 2005-2015, mas 6 países do top 10 - EUA, Finlândia, Alemanha, Reino Unido, Dinamarca e Suécia - apresentam uma tendência de declínio da sua competitividade (variação média anual do IGC para o período 2005-2015).

Ao mesmo tempo, há muitos países que nunca foram líderes da Classificação de Competitividade Global, mas que se tornaram líderes da Classificação Global de Desenvolvimento Territorial alternativa acima mencionada, mostrando uma tendência de maior capacidade de crescimento medida pela diferença média anual entre os Índices de Competitividade Global para o período de 2005-2014. São eles o Camboja, a Turquia, a China, a Etiópia, o Qatar, a Guatemala, a Gâmbia, os Emirados Árabes Unidos, a Geórgia e a Indonésia.

Pelo menos metade destes países - "líderes de crescimento" - não ocupam os últimos lugares no Rating of Global Competitiveness do Fórum Económico Mundial - por exemplo, no último Global Competitiveness Report 2015-2016 (Schwab 2015) o Qatar ocupa o 14º lugar em competitividade entre 140 países do mundo, os EAU - 17, a China - 28, a Indonésia - 37, a Turquia - 51.

Por conseguinte, o princípio da convergência, segundo o qual os países menos desenvolvidos se desenvolvem sempre mais rapidamente do que os mais desenvolvidos, é novamente quebrado. Para os países do mundo em geral, este princípio de convergência cientificamente comprovado (Sala-i-Martin 1995; Barro, Sala-i-Martin 1991, 1992, 1997; Cheshire, Carbonaro 1995; Cheshire, Magrini 2000; Quah 1993, 1996, 1997) está correto, mas há um número suficiente de excepções que obrigam a procurar outras razões para o progresso estável em alguns países e o declínio estável noutros. A tentativa de encontrar estas razões no consumo de energia (elemento amigo da natureza) e no ambiente institucional (elemento amigo do homem) já foi feita pelos autores no âmbito do projeto de investigação acima mencionado "Repensar o Desenvolvimento", apoiado pelo programa NEWFELPRO. [2] resultado desta tentativa, a China foi identificada como amiga da natureza (com um consumo per capita relativamente baixo de recursos energéticos) e amiga do homem (com um índice relativamente elevado de infra-estruturas sociais), enquanto o Qatar e os EAU foram identificados como amigos do homem com um índice surpreendentemente elevado de infra-estruturas sociais.

Voltando aos factos, na análise das estatísticas da Organização Mundial de Saúde, descobriu-se que a taxa de fertilidade total por mulher nos países de rendimento elevado é de apenas 1,8 (que é inferior ao nível de reprodução da população), mas nos países de rendimento baixo é de 4,0, mas a taxa bruta de mortalidade (por 1000 habitantes) é de 8,4 nos países de rendimento elevado e de 9,4 nos de rendimento baixo (Organização Mundial de Saúde 2013), ou seja, existe uma diferença, mas não tão grande como no caso da taxa de fertilidade. Em geral, a inter-relação entre o nível de rendimento do país e a taxa bruta de mortalidade é bastante interessante: 9,4 por 1000 habitantes nos países de baixo rendimento, 8,0 - nos países de rendimento médio inferior, 7,0 - nos países de rendimento médio superior e 8,4 - nos países de rendimento elevado. Verifica-se que os países pagam o aumento do rendimento do nível médio alto para o nível alto com o aumento da taxa bruta de mortalidade.

O conceito principal da investigação, que deve ser entendido concetualmente, é o desenvolvimento do território, que tem lugar no quadro da existência de muitas "economias-mundo",[3] ou seja, muitos "desenvolvimentos" (Boronenko, Lonska 2013).

---

[2] No artigo "Rethinking Territory Development and Integration in the Global World" submetido para publicação nos materiais da 10ª Conferência Internacional "Economic Integrations, Competition and Cooperation: Accession of the Western Balkan Region to the European Union" organizada pela Faculdade de Economia da Universidade de Rijeka (EFRI) em Opatija (Croácia) em 2015.

[3] Uma "economia mundial" é uma parte do globo economicamente independente, que em geral é capaz de ser autossuficiente; aquela cuja unidade orgânica se baseia nas suas ligações e intercâmbios internos (Braudel 1967). Na literatura científica sobre economia, é possível encontrar sugestões sobre "a ordem económica global" ou "sistema económico global" (Olsem 2013). A economia mundial é um sistema económico de todo o mundo e de toda a humanidade, "o mercado de todo o mundo", ao contrário do que se pensa, segundo F. Braudel, que o mundo moderno é um conjunto de "economias-mundo".

A fim de criar uma base metodológica para a avaliação do desenvolvimento do território, o autor utiliza as conclusões da Economia do Desenvolvimento, segundo as quais um território pode ser considerado desenvolvido, observando o bem-estar material e imaterial, bem como o bem-estar subjetivo dos seus habitantes, que é o objetivo final de qualquer desenvolvimento do território (Sen 1983; Todaro, Smith 2011; Haq 1995; Thirlwall 2011). O autor defende que qualquer indicador objetivo do desenvolvimento económico do território - investimentos diretos estrangeiros, um nível de produção ou um nível de emprego - deve ser transformado no bem-estar dos seus habitantes; caso contrário, as realizações económicas do território não fazem qualquer sentido prático para o desenvolvimento do território.

Uma vez que o estado de desenvolvimento de qualquer território pode ser concetualmente analisado em relação às pessoas que nele residem, os autores do artigo propõem utilizar na avaliação dos resultados do processo de desenvolvimento do território os indicadores que abrangem a esfera da vida de uma pessoa, na qual, no caso de um desenvolvimento territorial bem sucedido, se reflectirá certamente a qualidade das infra-estruturas técnicas, bem como o aumento das taxas de produção industrial e de produtividade do trabalho, e outros indicadores tradicionais utilizados em economia para a avaliação do estado de desenvolvimento do território.

Consequentemente, o autor propõe basear a avaliação do estado de desenvolvimento do território no facto de que, concetualmente, um território pode ser considerado desenvolvido quando o número da população está em constante crescimento e a população é materialmente fornecida, saudável, altamente educada, aceita valores espirituais e está satisfeita com a vida (ver Figura 3).

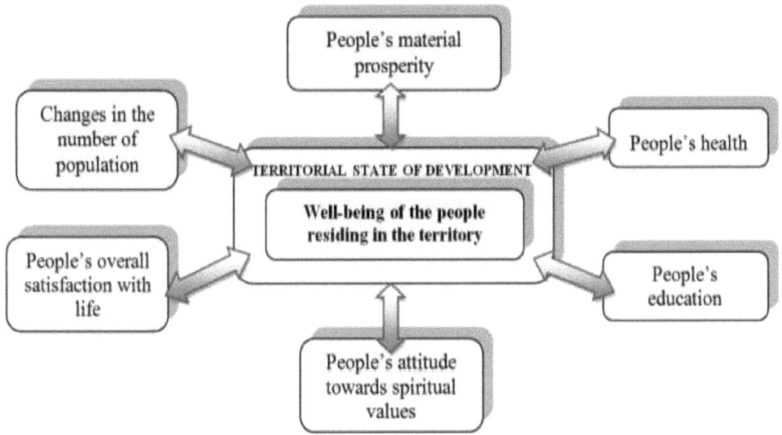

Fonte: Lonska, Boronenko, 2012, 2013.
Fig. 3. **Elementos estruturais do estado de desenvolvimento do território**

O autor concorda que esta compreensão do desenvolvimento do território é bastante invulgar para o estado atual da ciência e da prática económica mundial, mas a presença de disciplinas económicas como a Economia do Desenvolvimento e a Economia da Felicidade, bem como a presença de numerosas publicações científicas sobre este tema, permitem aos autores insistir na progressividade desta abordagem metodológica - com o bem-estar de uma pessoa no centro - para a compreensão do desenvolvimento do território. A "sociedade de consumo" pode tornar-se uma coisa do passado e pode ser substituída por uma "sociedade de vida saudável", onde a qualidade de vida dos habitantes não será medida por critérios modernos, mas pelo consumo mínimo de recursos naturais não renováveis, pela vida das pessoas, pela saúde das pessoas, pela educação das pessoas, pelo seu desenvolvimento espiritual, etc., mas não pelo volume do PIB" (Kiva 2014). Isto, definitivamente, não significa que o elevado nível do PIB seja incompatível com os indicadores acima mencionados do bem-estar de uma pessoa; isto significa apenas que um elevado nível de bem-estar económico é um indicador necessário mas não suficiente do estado de desenvolvimento do território, ou seja, do bem-estar das pessoas que residem no território. Isto é verdade porque, do ponto de vista da filosofia económica (ou seja, uma perspetiva filosófico-económica sistémica em que os autores da investigação insistem), "o pão que é adquirido por meios injustos fica na moela, especialmente de um civilizado" (Bulgakov 2000).

O Relatório sobre o Desenvolvimento Humano de 2013 afirma que, para um observador casual, a situação em 2013 pode parecer uma história de duas partes do mundo global: o Sul ressurgente - mais visivelmente países como a China e a Índia, onde há muitos progressos no desenvolvimento humano, o crescimento parece permanecer robusto e as perspectivas de redução da pobreza são encorajadoras - e o Norte em crise - onde as políticas de austeridade e a ausência de crescimento económico estão a impor dificuldades a milhões de desempregados e pessoas privadas de benefícios, à medida que os pactos sociais ficam sob intensa pressão. Ao mesmo tempo, foi sublinhado que a estrutura do mundo moderno é mais complexa do que apenas a oposição "Norte-Sul". Em vez de haver um centro de países industrializados e uma periferia de países menos desenvolvidos, existe atualmente um ambiente mais complexo e dinâmico (PNUD 2013).

O Sul desenvolveu-se a uma velocidade e escala sem precedentes. Por exemplo, as actuais arrancadas económicas na China e na Índia começaram com cerca de mil milhões de pessoas em cada país e duplicaram a produção per capita em menos de 20 anos - uma força económica que afecta uma população muito maior do que a Revolução Industrial (PNUD 2013). Prevê-se que, em 2050, o Brasil, a China e a Índia, em conjunto, representem 40% da produção mundial em termos de paridade do poder de compra. Nestes tempos de incerteza, os países do Sul estão coletivamente a reforçar o crescimento económico mundial, a impulsionar outras economias em desenvolvimento, a reduzir a pobreza e a aumentar a riqueza em grande escala. Continuam a enfrentar desafios formidáveis e são o lar de muitos dos pobres do mundo. Mas demonstraram como políticas pragmáticas e uma forte concentração no desenvolvimento humano podem libertar as oportunidades latentes nas suas economias, facilitadas pela globalização.

"A transição do crescimento para o equilíbrio global" (Meadows et al. 1972) torna-se, nestas circunstâncias, a tarefa estratégica e, ao mesmo tempo, a fonte de desenvolvimento do território no mundo global. Na sequência do Relatório sobre o Desenvolvimento Humano de 2013, que defende que "o Sul precisa do Norte e, cada vez mais, o Norte precisa do Sul", pode sugerir-se que uma das melhores fontes de desenvolvimento para cada país é a interligação com outras "economias-mundo". "Os principais motores e princípios do desenvolvimento começam a emergir da diversidade de caminhos de desenvolvimento que incluem o aprofundamento do papel de desenvolvimento dos Estados, a dedicação ao desenvolvimento humano e ao bem-estar social e a abertura ao comércio e à inovação" (PNUD 2013).

A "economia mundial" não é um tipo definido de economia (socialista, capitalista, etc.) que determina um tipo de sociedade e de civilização, mas é a atividade económica que deixa as "marcas" mais significativas na história da humanidade. Com base nos resultados da atividade económica, podemos reconstruir a estrutura social de qualquer sociedade (Braudel 1967). F. Braudel define três caraterísticas de uma "economia-mundo": 1) uma "economia-mundo" cobre um espaço geográfico definido com fronteiras naturais, económicas, culturais ou mentais; 2) uma "economia-mundo" tem um centro - cidade ou país capitalista; este centro não é estável a longo prazo; 3) uma "economia-mundo" tem uma hierarquia horizontal (espacial) e vertical (social) (Braudel 1967).

Na literatura científica moderna, o mais frequente é a indicação de duas "economias-mundo" dominantes no espaço global: a primeira com o centro no Reino Unido   os EUA,[4] a segunda - com o centro na China (Zoega 2013; Kiva

2014; Efremenko, Meleshkina 2014; Deliagin 2015), ou seja, provisoriamente o Norte e o Sul se utilizarmos os conceitos fornecidos pelo Relatório de Desenvolvimento Humano 2013.

1.2. Interpretação empírica das "economias-mundo" modernas como tipos actuais de desenvolvimento do território

O autor escolheu dois indicadores-chave como base metodológica para a identificação e interpretação empírica das "economias-mundo" modernas: a utilização dos recursos naturais (no âmbito desta investigação - a utilização da energia) e a qualidade das infra-estruturas sociais. Porquê exatamente estes indicadores? Em primeiro lugar, a desafiante e reconhecida pela comunidade científica mundial limitação dos recursos

---

[4] Aqui, o autor não separa o Reino Unido dos EUA, considerando os EUA como uma "filial" historicamente estabelecida da Inglaterra, que continua a ser "o coração" da "economia mundial" capitalista de mercado.

naturais, que não são suficientes para proporcionar conforto a toda a população mundial (não os proporcionar a todos é desumano e esta é uma razão permanente para conflitos e remodelação do mundo), é um limite natural para o aumento da produção e do consumo, ou seja, o crescimento económico de acordo com a economia capitalista orientada para o consumo (Meadows et al. 1972, 2004; Lahart et al. 2008; Global Footprint Network, Mediterranean Ecological Footprint Initiative 2015). Além disso, "as limitações de recursos previstas pelo Clube de Roma são mais evidentes hoje do que em qualquer outro momento desde a publicação em 1972 do famoso livro do grupo de reflexão, "Os Limites do Crescimento" (Lahart et al. 2008). A opção clássica (de acordo com esta limitação) proposta pelo Clube de Roma consiste em encorajar padrões sociais e económicos que satisfaçam as necessidades das pessoas com uma utilização mínima dos recursos naturais (Meadows et al. 1972). Mais tarde, alguns investigadores argumentaram que "a investigação económica recente mostra que os limites físicos à oferta de recursos naturais não causam quaisquer efeitos graves no crescimento económico. Isto porque o crescimento depende mais fortemente do desenvolvimento técnico, da educação e da política económica" (Tahvonen 1998). Nas suas publicações anteriores, a autora do livro e outros investigadores provaram de forma consistente que isto é verdade apenas para os países que estão - de acordo com a classificação elaborada pelo Fórum Económico Mundial (Lopez-Claros et al. 2005) - na fase impulsionada pela inovação (Boronenko 2007, 2009, 2014; Stankevics et al. 2014), incluindo a Finlândia. Mas para os países que se encontram na fase orientada para a eficiência e, especialmente, na fase orientada para os factores de produção, as condições básicas dos factores, como a mão de obra barata e os recursos naturais não transformados, são a base dominante da vantagem competitiva e das exportações (Schwab 2012).

Por conseguinte, o Clube de Roma, na sua obra clássica "Os Limites do Crescimento", declarou que "é possível alterar estas tendências de crescimento e estabelecer uma condição de estabilidade ecológica e económica que seja sustentável num futuro longínquo. O estado de equilíbrio global poderia ser concebido de modo a que as necessidades materiais básicas de cada pessoa na Terra fossem satisfeitas e cada pessoa tivesse uma oportunidade igual de realizar o seu potencial humano individual" (Meadows et al. 1972). Como é que é possível alcançar um desenvolvimento sustentável do território sem consumir muita energia e outros recursos naturais e, ao mesmo tempo, procurando o bem-estar da população, ou seja, a "produção de pessoas de qualidade"?

R.E.Hall e Ch.I.Jones, no seu artigo "Why do some countries produce so much more output per worker than others?" (Porque é que alguns países produzem muito mais por trabalhador do que outros?), defendem que a principal e fundamental determinante do desempenho económico a longo prazo de um país é a sua infraestrutura social, ou seja, as instituições e as políticas governamentais (Hall, Jones 1998). A infraestrutura social incentiva as actividades produtivas ou o comportamento predatório, e os trabalhadores escolhem entre a produção e o desvio em função da qualidade da infraestrutura social existente nos seus países. Tendo em conta que o desenvolvimento do território depende não só da disponibilidade de recursos enquanto tal, mas também da possibilidade de os utilizar de forma eficiente (Pakholok 2013; Boronenko, Drezgic 2014), há que considerar que essa possibilidade é determinada pelo ambiente institucional no país, ou seja, pela infraestrutura social do país, que pode promover ou impedir uma utilização produtiva dos recursos disponíveis no país. As realizações individuais em matéria de saúde, educação e rendimento, embora essenciais, não garantem o desenvolvimento humano se as condições sociais condicionarem as realizações individuais (PNUD 2013).

O Fórum Económico Mundial defende ainda que a importância de um ambiente institucional sólido e equitativo se tornou ainda mais evidente durante a recente crise económica e financeira e é especialmente crucial para solidificar ainda mais a frágil recuperação, dado o papel crescente desempenhado pelo Estado a nível internacional e para as economias de muitos países. A qualidade das instituições tem um forte impacto na competitividade e no crescimento. Influencia as decisões de investimento e a organização da produção e desempenha um papel fundamental na forma como as sociedades distribuem os benefícios e suportam os custos das estratégias e políticas de desenvolvimento (Schwab 2014).

Assim, a análise empírica é realizada tendo em consideração estas duas dimensões - utilização de energia (dimensão "amiga da natureza") e infra-estruturas sociais (dimensão "amiga do homem").

Os dados sobre 124 países do mundo são a base para a interpretação empírica revista das "economias-mundo" modernas, cuja informação sobre o consumo de recursos estava disponível, em particular, sobre o consumo de energia como o indicador empírico "Utilização de energia per capita (kg de equivalente de petróleo)" (Banco Mundial 2015) - significado médio para o período de 2007-2011, bem como o segundo indicador - o índice de infra-estruturas sociais como o indicador empírico "Instituições (pontuação na escala 1-7)" (Schwab 2014) - significado médio para o período de 2009-2013. Assim, foram utilizados para a análise os últimos dados disponíveis sobre o consumo de energia e as infra-estruturas sociais publicados nos relatórios do Banco Mundial e do Fórum Económico Mundial.

Em primeiro lugar, foram identificados os indicadores médios de utilização de energia per capita e o índice global de infra-estruturas sociais (as infra-estruturas sociais dos países do mundo são medidas de acordo com 21 indicadores constantes dos relatórios anuais do Fórum Económico Mundial) (Schwab 2014) no conjunto analisado de 124 países do mundo. O consumo médio de energia per capita para o período de 2007-2011 no mundo é de 2700,00 kg de equivalente de petróleo, com uma dispersão de 195 kg no Bangladesh (o nível mínimo de consumo de energia) a 17419 kg no Qatar (o nível máximo de consumo de energia). O índice médio de infra-estruturas sociais para o período de 2009-2013, numa escala de 7 pontos, é de 4,05, com uma dispersão de 2,33 na Venezuela (mínimo, ou seja, o pior valor do índice) a 6,07 em Singapura (máximo, ou seja, o melhor valor do índice).

Cinco países com os indicadores mais elevados e mais baixos de utilização de energia per capita e de infra-estruturas sociais estão representados no Quadro 1.

Quadro 1

Cinco países com os indicadores mais elevados e mais baixos

de utilização de energia per capita (valores médios para o período de 2007-2011)

e

infra-estruturas sociais (valores médios para o período de 2009-2013)

Consumo de energia per capita, kg de equivalente de petróleo		Infra-estruturas sociais, classificadas numa escala de 1 a 7	
Indicadores mais baixos			
"Situação "boa		"Situação "má	
Bangladesh	195	Venezuela	2.33
Senegal	258	Haiti	2.63
Haiti	282	Iémen	2.70
Myanmar	283	Myanmar	2.80
Camboja	313	Argentina	2.87
Indicadores mais elevados			
"Situação "má		"Situação "boa	
Catar	17419	Singapura	6.07
Islândia	16828	Nova Zelândia	6.04
Trinidad c Tobago	15499	Finlândia	6.03
Kuwait	10623	Suécia	5.81
Brunei Darussalam	8564	Noruega	5.73

Fonte: cálculos do autor com base nos dados do Banco Mundial 2015; Schwab 2010, 2011, 2012, 2013, 2014.

O conjunto dos 124 países investigados foi dividido em grupos em função dos valores médios do consumo de energia e das infra-estruturas sociais (ver Quadro 2):

1)   A utilização de energia per capita é superior à média - 2700,00 kg de equivalente de petróleo - no conjunto dos países investigados, mas o índice de infra-estruturas sociais é inferior à média - 4,05 pontos - no conjunto dos países investigados, ou seja, *a situação é má em termos de ambos os indicadores*;

2)   A utilização de energia per capita é inferior à média - 2700,00 kg de equivalente de petróleo - no conjunto dos países investigados, e o índice de infra-estruturas sociais é inferior à média - 4,05 pontos - no conjunto dos países investigados, ou seja, *a situação é boa em termos de utilização de energia, mas má em termos de infra-estruturas sociais*;

3)   A utilização de energia per capita é superior à média - 2700,00 kg de equivalente de petróleo - no conjunto dos países investigados, e o índice de infra-estruturas sociais é superior à média - 4,05 pontos - no conjunto dos países investigados, ou seja, *a situação é má em termos de utilização de energia, mas boa em termos de infra-estruturas sociais*;

4)   A utilização de energia per capita é inferior à média - 2700,00 kg de equivalente de petróleo - no conjunto dos países objeto do inquérito, mas o índice de infra-estruturas sociais é superior à média - 4,05 pontos - no conjunto dos países objeto do inquérito, ou seja, *a situação é boa em termos de ambos os indicadores.*

Os resultados dos cálculos dos autores demonstraram a seguinte distribuição dos 124 países investigados nos seguintes grupos que reivindicam o estatuto de "economias mundiais":

1)   **"consumidores de energia com infra-estruturas sociais deficientes"** - República Checa, Irão, Itália, Cazaquistão, Líbia, Federação Russa, República Eslovaca, Eslovénia, Coreia do Sul, Trindade e Tobago, Ucrânia (11 países);

2)   **"ecologistas com fracas infra-estruturas sociais"** - Albânia, Argélia, Angola, Argentina, Arménia, Azerbaijão, Bangladesh, Benim, Bolívia, Bósnia e Herzegovina, Brasil, Bulgária, Camboja, Camarões, Colômbia, Costa do Marfim, Croácia, República Dominicana, Equador, Egito, Salvador, Etiópia, Gabão, Geórgia, Gana, Grécia, Guatemala, Haiti, Honduras, Hungria, Índia,
Indonésia, Jamaica, Quénia, República do Quirguizistão, Letónia, Líbano, Lituânia, Macedónia, México, Moldávia, Mongólia, Moçambique, Myanmar, Nepal, Nicarágua, Nigéria, Paquistão, Panamá, Paraguai, Peru, Filipinas, Roménia, Senegal, Sérvia, Síria, Tajiquistão, Tanzânia, Tailândia, Turquia, Venezuela, Vietname, Iémen, Zâmbia, Zimbabué (65 países);

3)   **"consumidores de energia com fortes infra-estruturas sociais"** - Austrália, Áustria, Barém, Bélgica, Brunei Darussalam, Canadá, Dinamarca, Estónia, Finlândia, França, Alemanha, Islândia, Irlanda, Israel, Japão, Kuwait, Luxemburgo, Países Baixos, Nova Zelândia, Noruega, Omã, Polónia, Qatar, Arábia Saudita, Singapura, África do Sul, Espanha, Suécia, Suíça, Emirados Árabes Unidos, Reino Unido, EUA

(32 países);

4)   **"ecologistas com fortes infra-estruturas sociais"** - Botsuana, Chile, China, Costa Rica, Chipre, Hong Kong, Jordânia, Malásia, Malta, Montenegro, Marrocos, Namíbia, Portugal, Sri Lanka, Tunísia, Uruguai (16 países);

Matriz metódica dos grupos de países

classificados por utilização de energia per capita e índice de infra-estruturas sociais

Utilização de energia Infra-estruturas sociais	*Superior à média (situação "má")*	*Inferior à média (situação "boa")*
Inferior à média (situação "má")	"Consumidores de energia com infra-estruturas sociais deficientes" (1.º grupo)	"Ecologistas com fracas infra-estruturas sociais" (2º grupo)
Superior à média (situação "boa")	"Consumidores de energia com fortes infra-estruturas sociais" (3º grupo)	"Ecologistas com fortes infra-estruturas sociais" (4º grupo)

Fonte: elaborado pelo autor.

O maior grupo - praticamente metade - no conjunto dos países investigados (muito provavelmente também no mundo) é constituído pelos países - "ecologistas com infra-estruturas sociais deficientes". A principal caraterística desta "economia-mundo" é uma utilização de energia per capita relativamente baixa, embora o nível de desenvolvimento da infraestrutura social não permita que os países desta "economia-mundo" atinjam o principal objetivo do desenvolvimento do território o bem-estar humano, uma vez que os recursos disponíveis dos países não podem ser utilizados ao máximo para o desenvolvimento do território em geral, mas apenas para o desenvolvimento de certas camadas privilegiadas da sociedade devido ao elevado nível de criminalidade, corrupção, favoritismo, etc.

O segundo maior grupo (32 países) é constituído pelos países opostos ao primeiro grupo em termos de ambos os indicadores - "consumidores de energia com fortes infra-estruturas sociais". São sobretudo os países economicamente desenvolvidos da Europa Ocidental, da Escandinávia e da América do Norte, bem como os países muçulmanos petrolíferos que consomem bastante energia, mas - surpreendentemente para o autor - possuem uma forte infraestrutura social favorável a uma pessoa que permite a distribuição e utilização eficientes dos recursos disponíveis e, por conseguinte, a realização do principal objetivo de qualquer desenvolvimento territorial (segundo o autor do livro) - o desenvolvimento de uma pessoa que reside nesse território.

Estas duas "economias-mundo" - "ecologistas com fracas infra-estruturas sociais" e "consumidores de energia com fortes infra-estruturas sociais" - correspondem principalmente a países desenvolvidos e em desenvolvimento no entendimento habitual do desenvolvimento do território no quadro do paradigma evolutivo (quantitativo). Os países do antigo bloco comunista da Europa Central e Oriental, da África e da América do Sul, que herdaram dos seus regimes políticos autoritários uma infraestrutura social deficiente, com crime, corrupção, favoritismo, etc., bem como um nível relativamente baixo de utilização de energia per capita, o que pode ser explicado por várias razões, tais como o desenvolvimento insuficiente do sector real da economia, um nível relativamente baixo de consumo na economia em geral, o clima quente em muitos destes países, etc., pertencem ao grupo de países "ecologistas com uma infraestrutura social deficiente". No que diz respeito ao grupo de países "consumidores de energia com fortes infra-estruturas sociais", como já foi referido acima, trata-se principalmente de países capitalistas economicamente muito desenvolvidos, com um "toque" bastante interessante do grupo de países "capital petrolífero". Trata-se de um grupo de monarquias árabes que apoiam um modo peculiar de desenvolvimento e, mais tarde, a autonomia do "mundo islâmico" em relação ao sistema capitalista, de facto orientado não para a separação deste sistema, mas para a inclusão no sistema como um mais igual (Avdiiev 1990).

A análise dos dados mostra que, no contexto das relativamente grandes "economias-mundo" acima mencionadas - "ecologistas com fracas infra-estruturas sociais" e "consumidores de energia com fortes infra-estruturas sociais" - surgem os primórdios de novas "economias-mundo" que, muito provavelmente, são novos centros das futuras "economias-mundo" dominantes. Estes dois grupos de países - "consumidores de energia com fracas infra-estruturas sociais" e "ecologistas com fortes infra-estruturas sociais" - são, do ponto de vista do desenvolvimento do território, exemplos de opostos completos: o primeiro grupo de países é caracterizado por uma situação deficiente em termos de utilização de energia e de infra-estruturas sociais (são, em primeiro lugar, os países com "economias de recursos", que não criaram uma forte infraestrutura social, por exemplo, a Rússia); o segundo grupo de países é caracterizado por uma situação deficiente em termos de utilização de energia e de infra-estruturas sociais (são, em primeiro lugar, os países com "economias de recursos", que não criaram uma forte infraestrutura social, por exemplo, a Rússia).O segundo grupo de países caracteriza-se, inversamente, por uma boa situação em termos de utilização de energia e de infra-estruturas sociais (são os grupos de países espalhados por todo o mundo, tais como os grupos de países do Sul da Ásia, incluindo a China como a parte mais significativa desta "economia mundial", do Sudeste Africano, da América Latina e da região mediterrânica).

O autor destaca os líderes provisórios - países política e economicamente importantes e grandes das "economias-mundo" identificadas (o que permite perceber e identificar mais facilmente a natureza de cada "economia-mundo" no decurso dos debates científicos):

1)	O líder dos "consumidores de energia com infra-estruturas sociais deficientes" - a Rússia;

2)	Os líderes dos "ecologistas com fracas infra-estruturas sociais" - Brasil e Índia;

3)	Os líderes dos "consumidores de energia com fortes infra-estruturas sociais" - os EUA e o Reino Unido;

4)	O líder dos "ecologistas com fortes infra-estruturas sociais" - a China.

A análise quantitativa do autor realizada para a 10.ª Conferência Internacional "Integrações Económicas, Concorrência e Cooperação: A adesão da região dos Balcãs Ocidentais à União Europeia", realizada em Opatija (Croácia) em 2015, mostra as principais caraterísticas destas novas "economias-mundo" emergentes.

Em primeiro lugar, os países "ecologistas com uma forte infraestrutura social" ("grupo da China") não se concentram na utilização intensiva de energia, mas na qualidade da infraestrutura social, e já obtiveram bons resultados neste domínio: têm um crescimento populacional bastante elevado, um Índice de Desenvolvimento Humano médio, um dos mais baixos "preços energéticos" de 1 dólar do PIB (energia gasta por 1 dólar do PIB), uma baixa utilização de energia per capita e um nível de competitividade bastante elevado, que aumenta todos os anos. Nestes países não se regista um aumento do PIB per capita, mas com base num nível tão elevado de desenvolvimento das infra-estruturas sociais e do Índice de Desenvolvimento Humano, é possível concluir que os países "ecologistas com fortes infra-estruturas sociais" definiram um rumo para o desenvolvimento humano através da melhoria do ambiente institucional, mas não através do aumento do nível de vida à custa do ambiente.

Os países "consumidores de energia com infra-estruturas sociais deficientes" ("grupo da Rússia"), por sua vez, têm um Índice de Desenvolvimento Humano e um nível de vida relativamente elevados, mas isso deve-se à utilização intensiva e ineficaz da energia num nível relativamente baixo de desenvolvimento das infra-estruturas sociais, ou seja, os recursos naturais são utilizados ativamente mas de forma ineficaz, e é muito mais conveniente roubar do que trabalhar nestes países - isto deve-se ao seu ambiente institucional que impede o desenvolvimento do território.

A fim de reduzir a desconfiança da comunidade científica em relação à forma de identificação empírica das "economias-mundo" implementada pelo autor, é útil comparar as diferenças no PIB médio entre estas quatro "economias-mundo" acima descritas para verificar a sua significância estatística. Os resultados do procedimento de comparações múltiplas realizado no SPSS mostraram que existem diferenças estatisticamente significativas (ver Quadro 3) no desempenho económico das "economias-mundo" tradicionalmente medido pelo PIB per capita (Hanks 2009; Sala-i-Martin et al. 2013; Stankevics et al. 2014; Simpson 2016).

Diferenças estatisticamente significativas entre o PIB médio per capita (durante o período de 2009-2013) nas "economias-mundo" identificadas

"Mundos-economias"	"Consumidores de energia com infra-estruturas sociais deficientes"	"Ecologistas com fracas infra-estruturas sociais"	"Consumidores de energia com fortes infra-estruturas sociais"	"Ecologistas com fortes infra-estruturas sociais"
"Consumidores de energia com infra-estruturas sociais deficientes"	O PIB médio per capita é de 15661 USD	**Existe uma diferença estatisticamente significativa (p=0,007)**	**Existe uma diferença estatisticament e significativa (p=0,000)**	Não existe uma diferença estatisticamente significativa (p=0,420)
"Ecologistas com fracas infra-estruturas sociais"	**Existe uma diferença estatisticamente significativa (p=0,007)**	O PIB médio per capita é de 4686 USD	**Existe uma diferença estatisticament e significativa (p=0,000)**	**Existe uma diferença estatisticament e significativa (p=0,033)**
"Consumidores de energia com fortes infra-estruturas sociais"	**Existe uma diferença estatisticamente significativa (p=0,007)**	**Existe uma diferença estatisticamente significativa (p=0,000)**	O PIB médio per capita é de 46337 USD	**Existe uma diferença estatisticament e significativa (p=0,000)**
"Ecologistas com fortes infra-estruturas sociais"	Não existe uma diferença estatisticamente significativa (p=0,420)	**Existe uma diferença estatisticamente significativa (p=0,033)**	**Existe uma diferença estatisticament e significativa (p=0,000)**	O PIB médio per capita é de 11839 USD

Fonte: elaborado pelo autor utilizando o software SPSS e dados da Schwab 2009, 2010, 2011, 2012, 2013.

De acordo com os dados do quadro 3, os países da "economia mundial" capitalista tradicional, aos quais, como já foi referido, foi acrescentado um grupo de monarquias petrolíferas da Arábia ("o grupo dos EUA/reino Unido"), têm o PIB médio per capita mais elevado, O seu oposto - "ecologistas com fracas infra-estruturas sociais" ("grupo do Brasil/da Índia") - tem o PIB médio per capita mais baixo, o que também é estatisticamente diferente de todas as outras "economias-mundo". Não diferenças estatisticamente significativas no desempenho económico entre duas novas "economias-mundo" emergentes: "consumidores de energia com fracas infra-estruturas sociais" ("grupo da Rússia") e "ecologistas com fortes infra-estruturas sociais" ("grupo da China") - ambas as "economias-mundo" têm aproximadamente o mesmo PIB médio per capita. Isto é conseguido principalmente através da utilização intensiva de recursos (no primeiro caso), ou através da criação de uma infraestrutura social que promove a atividade produtiva dos agentes económicos (no segundo caso). Por conseguinte, os autores mostraram que as "economias-mundo" que identificaram empiricamente têm não só uma combinação diferente de duas caraterísticas escolhidas pelo autor (a viabilidade científica destas caraterísticas pode ser objeto de crítica e de debate), mas também, na maioria dos casos, um nível de desempenho económico estatisticamente diferente, medido pelo PIB médio per capita durante o período de 5 anos.

As análises de correlação e de estrutura dos estádios de desenvolvimento[5] dos países que pertencem a diferentes "economias-mundo" constituem outro argumento a favor da existência de "economias-mundo" empiricamente identificadas pelo autor. O quadro 4 mostra a presença de uma correlação de dependência fraca, mas estatisticamente relevante, entre o estádio de desenvolvimento de um determinado país do mundo e a sua pertença a uma ou outra "economia-mundo".

---

[5] Cinco fases de desenvolvimento - fase impulsionada pelos factores, fase de transição, fase impulsionada pela eficiência, fase de transição e fase impulsionada pela inovação, identificadas pelo Fórum Económico Mundial e calculadas com base no PIB per capita (Schwab, 2015).

Interligação correlativa* entre as fases de desenvolvimento dos países

e a sua pertença a uma determinada "economia mundial"

Variáveis para correlação		"Economia mundial"	Fase de desenvolvimento
"Economia mundial"	Correlação de Pearson	1	0.329**
	Sig. (bicaudal)	-	0.000
	N	119	119
Fase de desenvolvimento	Correlação de Pearson	0.329**	1
	Sig. (bicaudal)	0.000	-
	N	119	119

** Neste caso, o sinal de um coeficiente de correlação - "+" ou "-" - não indica uma correlação direta ou inversa, uma vez que a escala dos estádios de desenvolvimento é ordinal, mas a escala das "economias-mundo" é nominal*
** * A correlação é significativa ao nível de 0,01 (bicaudal).*
Fonte: elaborado pelo autor utilizando o software SPSS e dados do Schwab 2015.

O autor efectuou também uma análise de frequência simples, mas bastante informativa nos seus resultados, das fases de desenvolvimento dos países que pertencem a cada tipo identificado de "economia-mundo". Os dados quantitativos desta análise estão resumidos no quadro seguinte.

Quadro 5

Distribuição de frequências (frequências) das fases de desenvolvimento dos países

que pertencem a cada um dos tipos identificados de "economias-mundo", 2015

Fase de desenvolvimento	Número de países	Percentagens
1ˢ "economia mundial": consumidores de energia com infra-estruturas sociais deficientes ("grupo da Rússia")		
Transição da fase baseada em factos para a fase baseada na eficiência	2	20.0
Fase orientada para a eficiência	1	10.0
Transição da fase orientada para a eficiência para a fase orientada para a inovação	1	10.0
Fase orientada para a inovação	6	60.0
Total	*10*	*100.0*

2ª "economia mundial": ecologistas com infra-estruturas sociais deficientes ("grupo do Brasil/da Índia")		
Fase orientada para os factores	21	33.9
Transição da fase baseada em factos para a fase baseada na eficiência	10	16.1
Fase orientada para a eficiência	19	30.6
Transição da fase orientada para a eficiência para a fase orientada para a inovação	11	17.7
Fase orientada para a inovação	1	1.6
Total	*62*	*100.0*
3ª terceira "economia mundial": consumidores de energia com fortes infra-estruturas sociais ("o grupo dos EUA/reino Unido")		
Transição da fase baseada em factos para a fase baseada na eficiência	2	6.5
Fase orientada para a eficiência	1	3.2
Transição da fase orientada para a eficiência para a fase orientada para a inovação	2	6.5
Fase orientada para a inovação	26	83.9
Total	*31*	*100.0*
4th "economia mundial": ecologistas com fortes infra-estruturas sociais ("grupo da China")		
Transição da fase baseada em factos para a fase baseada na eficiência	1	6.3
Fase orientada para a eficiência	7	43.8
Transição da fase orientada para a eficiência para a fase orientada para a inovação	4	25.0
Fase orientada para a inovação	4	25.0
Total	*16*	*100.0*

Fonte: elaborado pelo autor utilizando o software SPSS e dados do Schwab 2015.

Como se pode ver nos dados do Quadro 5, a interconexão mais clara entre o estádio de

desenvolvimento de um país e a sua pertença a uma determinada "economia-mundo" observa-se na "economia-mundo" capitalista do Ocidente economicamente desenvolvido, ou seja, os consumidores de energia com fortes infra-estruturas sociais ("o grupo dos EUA/reino Unido"), onde mais de 80% dos países se encontram no estádio de desenvolvimento impulsionado pela inovação.

Uma interligação bastante clara é também observada no grupo dos países-ecologistas com infra-estruturas sociais deficientes ("grupo do Brasil/Índia"), onde mais de 80% dos países se situam não acima da fase de eficiência, ou seja, no outro pólo de desenvolvimento económico do espaço global.

Há uma situação interessante com as fases de desenvolvimento económico dos países em duas novas "economias-mundo" - consumidores de energia com infra-estruturas sociais deficientes ("grupo da Rússia") e ecologistas com fortes infra-estruturas sociais ("grupo da China"). A maioria dos países do primeiro tipo mencionado de "economias-mundo" encontra-se numa fase de desenvolvimento orientada para a inovação. Cerca de metade do segundo tipo mencionado de "economias-mundo" (que o autor designa por "economia-mundo" mais progressista) encontra-se numa fase inferior de desenvolvimento - a fase orientada para a eficiência.

Em geral, verifica-se uma tendência para os países atingirem elevados índices de desenvolvimento económico no espaço económico global, principalmente através da utilização intensiva de recursos energéticos, mas não através da criação de uma infraestrutura social que incentive o desenvolvimento humano e a plena realização do potencial humano.

No entanto, os resultados de algumas investigações provam que a hegemonia económica inquestionável da "economia-mundo" capitalista ("o grupo dos EUA/reino Unido") tem sido desafiada por outras "economias-mundo" que se auto-replicam ativamente e com sucesso. A filósofa russa I.A. Malkovskaia afirma que "o mundo árabe [bem como outras "economias-mundo" - nota do autor] no contexto global pode ser visto do ponto de vista de: 1) a avaliação comparativa do desempenho macroeconómico e social de dois mundos; 2) posições transculturais no âmbito das quais uma série de tendências no desenvolvimento do Oriente árabe-muçulmano adquire um significado diferente" (Malkovskaia 2005). O investigador russo

V.A.Meliantsev atribui o atraso da maioria dos países árabes em termos de eficiência de desempenho às elevadas taxas de crescimento demográfico - 10%, à deterioração das condições externas para o comércio - 20%, à falta de desenvolvimento dos recursos humanos (quantidade e qualidade da educação, caraterísticas do género) - 30% (Meliantsev 2004). A baixa qualidade das instituições governamentais e sociais, a conservação de regimes autoritários incapazes de se auto-reformarem e de se desenvolverem [ou seja, a qualidade das infra-estruturas sociais - nota do autor] constituem os restantes 40% deste atraso . Estes números mostram "um exemplo da avaliação do autodesenvolvimento de uma sociedade em termos de índices macroeconómicos, na tecno-lógica de uma perspetiva ocidental de modernização do mundo" (Malkovskaia 2005). Mas alguns outros números apresentados na investigação de V. A. Meliantsev parecem ser muito interessantes - taxas fenomenais de aumento demográfico (2,5-2,7% por ano), um aumento da esperança de vida de 10-15 anos, um aumento do nível de literacia de 40 para 60%, etc. - num contexto de crescente periferização e baixo desempenho económico. Por conseguinte, é possível concluir que "o Leste não aceita os desafios do desenvolvimento pós-industrial moderno, olhando com ceticismo para as alternativas de valor oferecidas no contexto do destino do Ocidente, determinado por uma mulher branca que se recusa a ter filhos. Ainda mais difícil é o facto de este mundo se enquadrar nos "universais democráticos" do desenvolvimento político e moral do Ocidente" (Malkovskaia 2005).

Hoje em dia, o mundo está a sofrer uma transformação ativa, pelo que é extremamente importante compreender em que "economias-mundo" se divide atualmente e qual a essência e o papel de cada uma delas. O Relatório sobre o Desenvolvimento Humano de 2013 supõe a presença de duas "economias-mundo" no mundo global moderno - o Sul em crescimento e o Norte em crise (PNUD 2013). O economista russo M. Delyagin, diretor do Instituto dos Problemas da Globalização, no seu relatório na conferência científico-prática "A China e a Rússia num mundo em mudança" (Pequim, 4 de maio de 2015) afirma que "na economia, já é evidente a divisão do mercado financeiro global nas zonas do dólar, do euro e do yuan. Na política, trata-se do restabelecimento de um confronto bipolar sob a forma da concorrência entre os EUA e a China, com a Rússia, a UE, o Japão e a Índia a funcionarem como "potências de segundo grau" (Deliagin 2015). Em geral, M. Delyagin tende a dividir o mundo global em "economias-mundo" ocidental-norte e oriental-sul. Tendo em conta os argumentos das abordagens acima mencionadas no sentido de uma divisão provisória do ambiente económico global em "economias-mundo", a autora sugere a sua própria abordagem acima descrita, tentando encontrar "economias-mundo" mais ou menos estáveis com base em duas caraterísticas essenciais - utilização de energia e infra-estruturas sociais, ou seja, em que medida os países modernos são "amigos da natureza" e "amigos do homem".

Por conseguinte, a autora contribui para o debate científico sobre a metodologia e os resultados empíricos da identificação das "economias-mundo" modernas, a fim de compreender melhor o sistema dos pólos mundiais de crescimento. O relatório de M. Deliagin acima mencionado intitula-se: "O mundo familiar desmoronou-se: A Rússia e a China devem criar um novo" (Deliagin 2015). Provavelmente, no futuro, a China e a Rússia tornar-se-ão os centros de novas "economias-mundo" globais, embora, mesmo agora, seja evidente a progressividade da "economia-mundo" de tipo "chinês"[6] ("ecologistas com fortes infraestruturas sociais", cujos centros de crescimento estão localizados na Ásia, África, América Latina e área do Mediterrâneo) - tanto para a natureza como para o ser humano.

---

[6] "... atualmente, o capitalismo de Estado chinês é suposto fazer da China a nação mais poderosa do mundo" (Zoega 2013).

ESTUDOS DE CASO SOBRE O DESENVOLVIMENTO DO TERRITÓRIO

No âmbito do projeto de investigação "Rethinking Territory Development in Global Comparative Researches (Rethink Development)" (2014-2016, Cientista Responsável - Dr. Sasa Drezgic) gerido pelo autor, que foi realizado na Faculdade de Economia da Universidade de Rijeka (Croácia), a Islândia e o Camboja foram identificados como países para o estudo de caso. A razão foi a seguinte: A Islândia tem um nível de competitividade relativamente elevado (medido pelo índice de competitividade global).

Índice de Competitividade (ICG) criado pelo Fórum Económico Mundial) e, simultaneamente, uma capacidade de crescimento negativa, ou seja, uma tendência de declínio relativamente rápido desta competitividade. A variação média anual do GCI da Islândia no período 20052015 é de -0,05 pontos na escala de 1 a 7, sendo este declínio um dos mais elevados do mundo. Por outro lado, o Camboja apresenta um nível de competitividade relativamente baixo e, simultaneamente, uma capacidade de crescimento positiva, ou seja, uma tendência de aumento relativamente rápido desta competitividade. A variação média anual do ICG do Camboja para o período 2005-2015 é de +0,07 pontos na escala de 1 a 7, e este crescimento é um dos mais elevados do mundo. A figura 4 apresenta uma comparação gráfica do Índice de Competitividade Global da Islândia e do Camboja, criado através da classificação interactiva Global Rating of Territory Development[7].

---

[7] A aplicação informática "The Global Rating of Territory Development" (http://der.uniri.hr/rethinkdevelopment/web/), elaborado pelos especialistas do Centro de Desenvolvimento Económico Local da Faculdade de Economia da Universidade de Rijeka (Diretor - Dr. Sasa Drezgic).

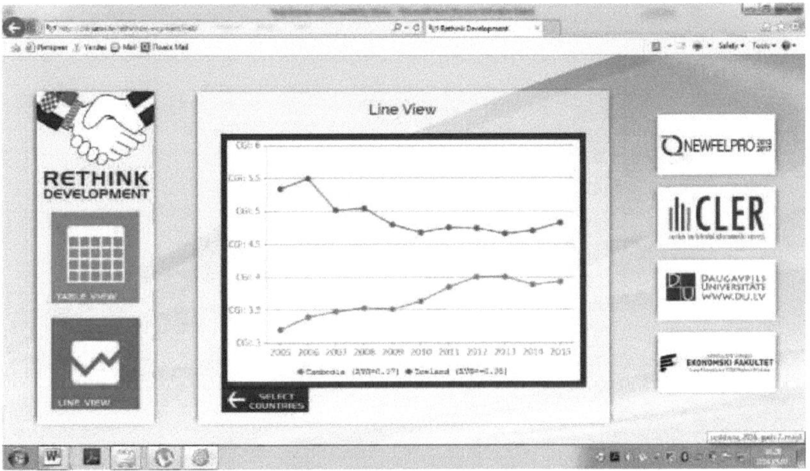

Fonte: Elaborado pelo autor utilizando a aplicação informática "The Global Rating of
Desenvolvimento do território" (http://cler.uniri.hr/rethinkdevelopment/web/).

Fig. 4. **Comparação gráfica do Índice de Competitividade Global da Islândia e Camboja, pontuações na escala de 1 a 7, 2005-2015**

Os estudos de caso na Islândia e no Camboja tiveram como objetivo investigar mais profundamente estas tendências gerais de diminuição drástica da competitividade de um país altamente desenvolvido e único (no caso da Islândia), bem como de aumento rápido da competitividade de um país relativamente pouco desenvolvido (no caso do Camboja). O desenvolvimento do território destes países exigia explicações através da procura e análise dos factores que promovem a recessão no desenvolvimento do território ou, inversamente, a sua aceleração.

4.1. Islândia - declínio após florescimento

Fig. 5. O fiorde em Akureyri - a cidade no Norte da Islândia

O estudo de caso na Islândia foi realizado em março de 2015, visitando a capital do país - Reykjavik - bem como o Centro de Investigação da Universidade de Akureyri (http://www.rha.is/en). Tal como foi confirmado durante as reuniões com a Diretora do Centro de Investigação da Universidade de Akureyri (RHA), Dra. Gudrun Rosa Dorsteinsdottir. O investigador do RHA, Dr. Hjalti Johannesson, o Chefe do Gabinete Internacional da Universidade de Akureyri, Sr. Runar Gunnarsson, e os seus colegas, o

Os problemas mais importantes do desenvolvimento do território islandês, que a Universidade de Akureyri sente, são as desproporções no desenvolvimento regional do país, incluindo a migração da mão de obra das regiões para a área da capital, bem como a crescente falta de estudantes na Universidade.

Fonte: fotografia do arquivo pessoal do autor.

Fig. 6. No Centro de Investigação da Universidade de Akureyri, com o investigador Dr.

Hjalti Johannesson e o Diretor do Gabinete Internacional da Universidade de Akureyri, Sr. Runar Gunnarsson

Segundo a análise das estatísticas islandesas efectuada pelo autor, as principais direcções do fluxo migratório inter-regional "da zona da capital" são as regiões mais próximas - Sul e Sudoeste. O peso unitário dos migrantes inter-regionais da área da capital para estas duas regiões é de 15-20% durante o período 1986-2014 (dados das Estatísticas da Islândia). Por sua vez, a migração entre as regiões do Norte e do Leste da Islândia não é significativa - apenas algumas percentagens durante o período 1986-2014 (dados do Instituto de Estatística da Islândia). Além disso, os dados estatísticos mostram que os fluxos migratórios inter-regionais no seu conjunto abrangem apenas cerca de 3% da população islandesa, sendo esta tendência bastante estável durante o período em análise. Por conseguinte, as desproporções regionais na Islândia podem ser interpretadas de diferentes formas com base nas estatísticas e nos estudos disponíveis. Pode argumentar-se que a Islândia tem uma capital e uma sub-capital mais dinâmicas e em desenvolvimento, bem como uma estagnação estável nas regiões periféricas, ou seja, nas regiões do Norte e do Leste. Esta situação faz lembrar duas regiões económicas da Letónia descritas na tese de doutoramento do autor (Boronenko 2009)

- Riga e sub-Riga, bem como todo o território restante da Letónia. Em geral, é bastante estranho e ao mesmo tempo interessante que a Islândia, com um PIB per capita quase quatro vezes superior ao da Letónia, tenha os mesmos problemas de desproporção regional. Para a Letónia, isto significa, por exemplo, que o aumento do PIB per capita, mesmo até ao nível dos países altamente desenvolvidos, não garante a resolução dos problemas de desproporção regional.

O estudo das tendências actuais e das especificidades do desenvolvimento do território na Islândia, com base nos resultados da investigação realizada por cientistas islandeses - K.Benediktsson, A.Karlsdottir, H.Johannesson, J.D.Heidarsson, E.H.Huijbens, V.Sigurbjarnarson, G.Zoega - permitiu ao autor identificar mais um elemento estrutural do estado do desenvolvimento do território que deve ser acrescentado ao esquema apresentado na Figura 3 deste livro, se compararmos o desenvolvimento do território de países inteiros e não apenas de regiões interiores.

Uma caraterística específica do desenvolvimento regional islandês são também as "actividades de grande escala em comunidades de pequena escala" (Johannesson 2010a, 2010b; Johannesson et al. 2010): "Em 2003, foram assinados contratos para um grande projeto hidroelétrico, Kárahnjúkar, e para a fábrica de alumínio Alcoa Fjaröaâl, na Islândia Oriental, o maior projeto de construção da história da Islândia. Os recursos estimados foram de 6.300 homens-ano durante o período de construção e um custo de 2,5 mil milhões de dólares.. A fábrica de alumínio foi construída
nos arredores da cidade de Reyöarfjöröur, na Islândia Oriental, com pouco mais de 600 habitantes quando o projeto começou. No auge do projeto, havia cerca de 1.700 trabalhadores no local, 17% dos quais eram islandeses e, portanto, muito mais numerosos do que os polacos, que eram 70% dos trabalhadores Durante o período de construção, a região de
A Islândia Oriental assistiu a enormes mudanças, mas observou-se que os impactos se limitaram principalmente a dois municípios onde os projectos estão localizados". A grande base da Força Aérea dos Estados Unidos em Keflavík é mais um exemplo de um megaprojeto que teve uma influência significativa no desenvolvimento

socioeconómico e, mais tarde, no declínio de uma das regiões da Islândia, e uma região que teve de lidar com o seu súbito desaparecimento (em 2006) (Benediktsson, Karlsdottir 2011).

Deve também ser salientado que na prática de importação-exportação da Islândia, bem como na sua indústria, existem "projectos de grande escala" (relacionados principalmente com zonas offshore) que alteram de forma muito acentuada, mas por um curto período de tempo, a estrutura de exportação e importação de bens. Por exemplo, 2,02% das exportações totais em 1996 foram provenientes das Ilhas Caimão (com uma população de pouco mais de 56 mil habitantes), 2,17% das exportações totais em 2007 - das Ilhas Virgens (Statistics Iceland 2016a), em 2015 os bens provenientes das Bermudas (com uma população de pouco mais de 64 mil habitantes) compreenderam 6,58% das importações totais (Statistics Iceland, 2016b). De acordo com os dados do Fórum Económico Mundial, a Islândia tem indicadores estáveis relativamente elevados do estado das instituições (Lopez-Claros et al. 2005; Lopez-Claros 2006; Lopez-Claros, Schwab 2007; Schwab 2008, 2009, 2010, 2011, 2012, 2013, 2014, 2015). Alguns investigadores defendem também que a Islândia tem "uma das administrações públicas menos corruptas do mundo, de acordo com a Transparency International" (Wade, Sigurgeirsdottir 2012). Ao mesmo tempo, o sociólogo islandês T.Logason, no seu livro "Power Elites & Corruption" (2012), examinou a influência da grande corrupção como uma possível causa do colapso económico islandês em 2008. Argumentou que "a grande corrupção que pode penetrar no âmago da sociedade quando as elites políticas, empresariais e académicas unem forças com o objetivo de enganar o público em geral é a forma mais perigosa de "grande corrupção" com que as sociedades ocidentais se podem confrontar e que pode levar a uma rápida ruína económica" (Logason, 2012).Os investigadores da Universidade da Islândia K. Benediktsson e A. Karlsdottir apresentam as mesmas razões para explicar o colapso económico islandês: "muitos chegaram à seguinte conclusão: uma ideologia política neoliberal que ganhou ascendência no início da década de 1990 tinha alimentado uma mistura letal de ganância, arrogância e corrupção política que vinha roendo as raízes da sociedade. O início do século XXI assistiu ao aparecimento dos super-ricos na

Islândia - uma pequena elite que parecia ter surgido quase do nada e que, por vezes, ostentava a sua riqueza de forma bastante grosseira" (Benediktsson, Karlsdottir 2011). É possível afirmar que não existe realmente um antagonismo profundo nestas opiniões opostas sobre a corrupção na Islândia; a própria crise apenas fez com que os investigadores e os peritos prestassem mais atenção ao ambiente institucional na Islândia, obrigando-os a encontrar as falhas que não tinham sido devidamente tidas em conta durante o crescimento económico. O autor encontra a confirmação deste ponto de vista nos trabalhos dos investigadores islandeses: "quando as estruturas sociais são estáveis e os sistemas sociais produzem resultados esperados e desejáveis, há relativamente menos procura de economia institucional do que em tempos de mudança" (Eggertsson 2006).

6.2. Camboja - crescimento controverso

O estudo de caso no Camboja foi realizado logo após a visita à Islândia - em abril de 2015 - e foi realmente um grande contraste, tanto no aspeto climático como no aspeto do desenvolvimento do território. Em primeiro lugar, não há falta de estudantes nas universidades cambojanas (como na Islândia), embora o nível técnico das universidades seja comparativamente inferior ao da Islândia. Em segundo lugar, não há diferenças regionais tão grandes como na Islândia (as disparidades entre as zonas urbanas e rurais são mais peculiares no Camboja), embora o PIB per capita no Camboja em 2014 fosse de 1081 USD, ou seja, quase 50 vezes inferior ao da Islândia - 51262 USD (de acordo com os dados publicados no Relatório de Competitividade Global 2015-2016 do Fórum Económico Mundial).

O autor visitou duas cidades cambojanas - a capital Phnom Penh e a pequena, mas bem conhecida Siem Reap (devido a Angkor - capital do antigo Império Khmer). Os meus peritos locais no Camboja foram o Dr. Sreang Chheat, coordenador do programa do Center for Khmer Studies (CKS), localizado em Phnom Penh e Siem Reap, o Dr. Pisey Khin, diretor do Nuppun Institute for Economic Research (NUPPUN), localizado em Phnom Penh, o Sr. Paul Robinson, professor convidado do Instituto de Investigação Económica Nuppun, localizado em Phnom Penh, e o Sr. Paul Robinson, professor convidado do Instituto de Investigação Económica Nuppun, localizado em Siem Reap.

Paul Robinson, o professor convidado do Reino Unido na Royal University of Fine Arts, situada em Phnom Penh (no momento deste estudo de caso, ele está a ensinar no Camboja há 7 anos) e Leona Gowanlock, enfermeira voluntária do Canadá, que trabalhou no Mercy Medical Center - um hospital cristão nos arredores de Phnom Penh durante 2 anos. Esta lista de peritos permite identificar mais uma caraterística específica do desenvolvimento do território cambojano: uma espécie de migração "humanitária" para o Camboja proveniente dos países ocidentais desenvolvidos, em vez de uma migração económica para a Islândia proveniente dos países da Europa Oriental e de uma migração economicamente cultural proveniente dos países escandinavos.

Fonte: fotografia do arquivo pessoal do autor.

Fig. 7. **Angkor Wat - um complexo de templos em Siem Reap (Camboja) e o maior monumento religioso do mundo**

Fig. 8.

Fonte: fotografia do arquivo pessoal do autor.
Fig. 8. **Na Universidade Real de Belas Artes em Phnom Penh -
a capital do Camboja**

Fonte: fotografia do arquivo pessoal do autor.
Fig. 9. **Sala de conferências da Universidade Real de Belas Artes**

Ao pesquisar dados empíricos sobre o Camboja, encontrei uma tendência incompreensível: a esperança de vida em 2010 ou 2011 era de 63 anos (Global Competitiveness Report 20132014), mas em 2013 - subitamente 71,4 anos (Global Competitiveness Report 20142015). Talvez haja algumas mudanças rápidas nos cuidados de saúde cambojanos ou na saúde da população, de que a população local ainda não se apercebeu?

O Dr. Pisey Khin, Diretor do Instituto Nuppun de Investigação Económica (NUPPUN), que fornece dados sobre o Camboja para os Relatórios de Competitividade Global, comentou esta situação da seguinte forma "Penso que poderá haver um erro de cálculo nos dados, que terá de ser resolvido com o Instituto Nacional de Estatística (INE). O sistema de saúde continua pior do que tem estado, ou seja, não há melhorias; enquanto a segurança alimentar aqui também está a piorar". O mais interessante e triste nas estatísticas - vejo o número de 71,7 anos de esperança de vida no próximo Relatório sobre a Competitividade Global 2015-2016, que foi fornecido ao público mundial após esta conversa. Isto significa que não podemos confiar nos dados do Camboja e que temos de verificar e voltar a verificar a situação real com a ajuda de peritos locais, que conhecem a vida quotidiana e o desenvolvimento do território do Camboja mais profundamente do que as estatísticas oficiais.

Leona Gowanlock, enfermeira voluntária do Canadá, trabalhou durante dois anos no Mercy Medical Center - um hospital cristão nos arredores de Phnom Penh: "Fiquei bastante surpreendida com o facto de a esperança de vida ser de 71,4 anos. É um indicador muito bom e faz-me pensar como é que eles recolhem as estatísticas. Aumentou tão rapidamente desde 2011, quando era de 63 anos. Pergunto-me se a população chinesa não estará a contribuir para aumentar ainda mais esta estatística. Parece que têm um estilo de vida bastante saudável no que respeita à alimentação, aos exercícios, etc. Na verdade, pensava que era muito mais baixa, de acordo com o que os meus professores de línguas me disseram. Não tenho uma impressão muito boa do sistema de saúde em geral aqui, mas aprendi bastante com os meus professores e algumas observações. Ouvi algumas histórias horríveis sobre pessoas que não têm dinheiro para os cuidados de saúde e são rejeitadas. Simplesmente morrem. Um homem e a sua mulher viram recusada a entrada no hospital para ela ter um bebé - houve complicações - e ele foi pedir dinheiro emprestado a algum lado - entretanto, ela morreu enquanto esperava! As pessoas que não têm dinheiro e, especialmente, as que vivem no interior do país, onde há poucas instalações de saúde disponíveis, estão especialmente em risco. As pessoas que têm algum dinheiro vão para o Vietname, onde os cuidados de saúde são melhores. As pessoas com um pouco mais de dinheiro irão para a Tailândia para obter ajuda. Os mais abastados podem ir para Singapura para receberem um bom tratamento. É por isso que aprecio tanto o Mercy Medical Centre, porque se concentra nos mais pobres e lhes presta assistência médica. Depois de ter visitado algumas aldeias no interior do país, constatei que é necessário ensinar a higiene básica, o tratamento de feridas, etc. No entanto, há coisas que estão a ser feitas para ajudar - talvez mais por grupos externos que vêm para cá. A minha organização procura ajudar também na formação médica, o que dá aos cambojanos a oportunidade de multiplicar os esforços em várias partes do país. Os meus professores também me contaram histórias de médicos que simplesmente compraram o seu certificado para obter o diploma e não sabem nada sobre tratamentos médicos. Custa-me a acreditar, mas ainda há muita corrupção no país e falta de confiança. Ainda está a demorar muito tempo para reconstruir o país depois da sua terrível história".

Paul Robinson, o professor convidado do Reino Unido na Universidade Real de Belas Artes, também sublinhou a terrível corrupção no sistema educativo do Camboja - começando na escola primária e terminando nas universidades, onde os estudantes não passam em nenhum exame sem pagar dinheiro não oficial ao professor (mas, em vez disso, um professor é uma pessoa muito respeitável no Camboja).

Fonte: fotografia do arquivo pessoal do autor.
**Fig. 10. Na sala de aula da Universidade Real de Belas Artes
com alunos e o seu professor do Reino Unido, Sr. Paul Robinson**
Assim, o estudo de caso sobre o desenvolvimento do território do Camboja mostra, em primeiro lugar, que as estatísticas oficiais e os dados dos relatórios oficiais sobre o desenvolvimento do território do Camboja diferem muito das evidências e opiniões dos peritos locais - provavelmente, diferem também da vida real dos cambojanos, que, na opinião de Paul Robinson, começam agora a recuperar da terrível herança histórica da guerra civil e do regime totalitário dos anos 70 (parece que a primeira geração, que está livre do medo do terrorismo, começa a agir no espaço político, económico e social do Camboja).

O relatório nacional "The Cambodian Government's Achievements and Future Diretion in Sustainable Development", preparado para a Rio+20, Conferência das Nações Unidas sobre Desenvolvimento Sustentável de 2012 pelo Governo do Camboja, fala de um crescimento económico rápido - "de 1994 a 2011, o Camboja registou uma taxa de crescimento média de 7,7%, entre 2004 e 2007, a economia cresceu acima dos 10% ao ano" - e de "fracos recursos humanos". Ao compreender concetualmente o desenvolvimento do território através do bem-estar das pessoas que nele residem, o autor pode argumentar que qualquer indicador objetivo do desenvolvimento económico do território - investimentos diretos estrangeiros, um nível de produção ou um nível de emprego - deve ser transformado no bem-estar dos seus habitantes; caso contrário, as realizações económicas do território (ou do governo , como indica o Relatório Nacional do Camboja) não fazem qualquer sentido prático para o desenvolvimento do território. Em comparação com a Islândia, o Índice de Desenvolvimento Humano no Camboja é significativamente inferior - 143.º lugar entre 188 países (Islândia - 16.º lugar), de acordo com os dados fornecidos pelo Relatório de Desenvolvimento Humano de 2015.

De um modo geral, a vida no Camboja fez-me lembrar muito o período soviético na Letónia, pois lembro-me disso - baixo nível tecnológico, declarações do governo, economia "cinzenta" e a capacidade das pessoas para sobreviverem e serem sorridentes em quaisquer condições da vida quotidiana.

PREÇO DO PROGRESSO: PREÇO HUMANITÁRIO DO PROGRESSO TECNOLÓGICO NO MUNDO GLOBAL

Todos os factos mencionados na Introdução e no Capítulo 1.1. deste livro levam-nos a questionar a eficiência da utilização dos recursos pelas pessoas e a sustentabilidade do progresso nos chamados países "desenvolvidos" - aqueles com um elevado nível de rendimento que escolheram uma via de desenvolvimento baseada na economia de mercado e na sociedade de consumo - bem como a sua capacidade de crescimento futuro. Coloca-se a questão do preço humanitário deste progresso, que possivelmente se torna demasiado elevado nos dias de hoje e, por conseguinte, restringe e, em alguns casos, até faz recuar o progresso dos países que alcançaram um elevado nível de competitividade e um elevado nível de vida.

3.1. Estado atual dos conhecimentos

Os adeptos do fundamentalismo do mercado e do liberalismo em economia - começando com os classicistas-fisiocratas do século XVIII, que fundamentaram a eficiência do princípio do "laissez faire" (Adam Smith, Benjamin Franklin, George Whatley), e até aos tempos modernos relativamente recentes e muito recentes (Mises 1927; Schumpeter 1934; Hayek 1941; Friedman M. 1962; Friedman D. 1973, 1989, 2014; Rockwell 2014) - têm procurado ativamente uma força motriz e factores de progresso, mas não a análise das suas consequências sociais. Por exemplo, J. Schumpeter, na sua teoria do desenvolvimento económico, chega à conclusão de que tudo o que tem sido considerado como factores de desestabilização, ou seja, monopólios, ciclos económicos, concorrência, são, de facto, factores de progresso. O cientista acreditava que a destruição da concorrência, a luta pela influência e a atividade restritiva das empresas (publicidade, patentes, etc.) fazem avançar o processo de desenvolvimento a longo prazo (Schumpeter 1934). Schumpeter foi o primeiro economista a introduzir os conceitos de "mudança" e "inovação", relacionando-os com as taxas de desenvolvimento económico. As inovações permitem obter lucros a nível microeconómico e influenciam o crescimento económico geral a nível macroeconómico (Schumpeter 1989).

No entanto, as consequências sociais do progresso tecnológico sem precedentes, acumulado e intensificado na vida real, tornaram-se o espaço problemático que é

tratado numa disciplina científica como a economia social (Milgate, Newman 1989).
O tema da economia social é o estudo da economia do crescimento do bem-estar das pessoas na inter-relação do sistema com a utilização do seu potencial para o desenvolvimento sustentável da economia e da esfera social (Slezinger 2001). A Associação para a Economia Social (ASE), fundada em Nova Iorque em 1941, é uma sociedade científica na área amplamente definida da economia social. Os campos de investigação promovidos pela ASE incluem as relações mútuas entre ética, valores sociais, conceitos de justiça social e as dimensões sociais da vida económica. A Associação foi fundada originalmente como Associação Económica Católica (CEA) pelos jesuítas americanos Thomas

Divine (foi o seu primeiro presidente) e Bernard William Dempsey, doutorado em Economia pela Universidade de Harvard em 1940 e aluno de J. Schumpeter (!). B.Dempsey publicou "Interest and Usury" em 1943 e "The Functional Economy: As Bases da Organização Económica" em 1958. Th.Divine publicou "Interest, An Historical and Analytical Study in Economics and Modern Ethics" em 1959. O CEA passou a designar-se Associação para a Economia Social em 1970, a fim de enriquecer o âmbito da Associação em matéria de ética e justiça social na economia com um público mais universal.

Filósofo, sociólogo e futurologista americano, um dos autores do conceito de sociedade pós-industrializada, A. Toffler pode ser referido como o pai do estudo das questões próximas do tema do artigo - preço do progresso,[8] e como o opositor dos adeptos do "capitalismo radical" (Friedman D. 1989). Duas das obras clássicas de A. Toffler parecem ser as mais interessantes em relação à investigação proposta: "Future Shock" (1970) e "Third Wave" (1980). Na primeira obra, A. Toffler defende que a sociedade está a sofrer uma enorme mudança estrutural, uma revolução de uma sociedade

---

[8] No entanto, este tema foi abordado na literatura artística ainda mais cedo do que na ciência social. Karel Capek, um escritor checo, foi o primeiro a detetar e a introduzir um novo tipo de conflito na literatura artística mundial. Escreveu sobre uma oposição entre o progresso científico-tecnológico e o progresso moral-espiritual, e a sua contradição, que é perigosa para a humanidade nas condições de uma sociedade proprietária (Capek 1955). Também pensou nas consequências trágicas causadas pelo desenvolvimento descontrolado e caótico, baseado em interesses económicos egoístas, dramático e até revolucionário da ciência e da tecnologia. Um satírico austríaco, Karl Kraus, afirmou que "a esterilização espiritual das massas é uma das formas de o capitalismo sustentar a sua própria existência" (Kraus 1974).

industrial para uma "sociedade super-industrial". Esta mudança sobrecarrega as pessoas. Para ele, o ritmo acelerado das mudanças tecnológicas e sociais deixou as pessoas desconectadas e sofrendo de "stress e desorientação devastadores" - o futuro chocou. A.Toffler afirmou que a maioria dos problemas sociais são sintomas deste choque com o futuro. Na sua discussão sobre os componentes desse choque, popularizou o termo "sobrecarga de informação" (Toffler 1970). A ideia de Toffler de que as taxas de mudança são demasiado rápidas para que a sociedade as perceba reflectia as atitudes existentes nos anos 60: a Terceira Vaga de mudanças que transformou todos os aspectos da existência humana substituiu o industrialismo. O computador, o avião a jato, as pílulas contraceptivas e as altas tecnologias são os símbolos da Terceira Vaga (Toffler 1980).

Duas opiniões opostas sobre a questão do "desemprego tecnológico" ilustram o debate entre os adeptos do "capitalismo radical" e os que se preocupam com as suas consequências sociais e o seu preço humanitário, que se prolongou por várias décadas:

1)   Uma ideia que ainda hoje prevalece é a do "desemprego tecnológico", ou seja, a ideia de que a melhoria dos métodos de produção leva ao desemprego. Não lhes ocorreu a ideia de que a redução da quantidade de trabalho necessária para a produção de uma certa quantidade de bens ou itens possibilitaria a liberação de materiais e trabalho para a produção de outros itens (Mises, 2004 - Transcrições de palestras publicadas 30 anos após sua morte).

2)   A supressão de postos de trabalho é uma das principais consequências do progresso tecnológico. Mesmo que os trabalhadores permaneçam numa empresa, são constantemente obrigados a requalificarem-se, a actualizarem as suas qualificações, a serem responsáveis nas condições de concorrência pelos lugares de trabalho. Um trabalhador contratado deve ter um sentido de mobilidade profissional bem desenvolvido. A falta de mobilidade pode resultar num choque futuro, num conservadorismo excessivo e num aumento da agressividade e do conflito na sociedade (Toffler 1970). O alcance da revolução informática que provocou a automatização e a robotização da produção industrial é realmente enorme (Toffler 1980).

De acordo com L. Mises, a base para esse entendimento contraditório das conseqüências sociais do progresso tecnológico é o conflito Ocidente-Oriente: "O Oriente nunca desenvolveu a idéia de pesquisa científica - a busca do conhecimento e da verdade por si só - que os gregos deram à civilização. Uma segunda conquista dos gregos, que sempre foi estranha ao Oriente, é a ideia da liberdade política do governo - da responsabilidade política do cidadão individual. Estas ideias, largamente aceites no Ocidente, nunca encontraram equivalente no Oriente. Mesmo hoje, apenas um pequeno grupo de intelectuais orientais segue essas idéias" (Mises 2004). Mas a questão é que seus oponentes - A.Toffler, R.Wright, G.Easterbrook - são intelectuais americanos, mas não orientais. O cientista russo V. Speransky critica razoavelmente a referência de L. Mises (bem como de outros cientistas e activistas sociais dos séculos XX e XXI) a uma famosa citação de R. Kipling "East is East, and West is West, and never the twain shall meet". V. Speransky escreve: "Segundo Kipling, não haverá divisão entre Oriente e Ocidente se um forte se encontrar com um forte, se dois iguais se encontrarem. R.Kipling, escritor, poeta e soldado, conhecia muito bem a natureza das colisões humanas: um diálogo só é possível entre aqueles que são igualmente fortes. Não entre os que se esforçam por se tornarem fortes ou se declaram fortes, mas entre verdadeiros iguais, os auto-suficientes. Toda a balada de R. Kipling (Kipling 2001) afirma que no diálogo entre fortes, iguais uns aos outros em termos de poder e influência, os problemas de oposição entre o Oriente e o Ocidente desaparecem" (Speransky 2011). Por conseguinte, a base para as contradições dificilmente pode ser encontrada no paradigma Ocidente-Oriente, especialmente hoje em dia, quando, de acordo com as classificações de competitividade global do Fórum Económico Mundial, muitos países do Oriente demonstram indicadores consistentemente elevados de competitividade e capacidade de crescimento (por exemplo, países como o Qatar, os EAU, a China, a Indonésia e a Turquia).

A Abordagem das Capacidades Humanas é possivelmente o exemplo mais vivo do facto de a diminuição do preço humanitário do processo tecnológico ser um problema tanto do Ocidente como do Oriente (bem como do Norte e do Sul); e o Oriente é capaz de propor soluções eficazes neste domínio. A Abordagem das Capacidades Humanas é uma teoria económica concebida nos anos 80 como uma abordagem à economia do bem-estar (Sen 1983). Nesta abordagem, A. Sen (economista e filósofo indiano que, desde 1972, lecciona e trabalha no Reino Unido e nos EUA; foi galardoado com o Prémio Nobel das Ciências Económicas em 1998 e com o Bharat Ratna em 1999 pelo seu trabalho em economia do bem-estar) reúne uma série de ideias que estavam anteriormente excluídas das abordagens tradicionais da economia do bem-estar. A abordagem da capacidade humana centra-se naquilo que os indivíduos são capazes de fazer (ou seja, capazes de). Por conseguinte, a expansão das capacidades humanas é considerada atualmente o critério básico do progresso tecnológico. Mas a utilização do PIB e do PNB como uma aproximação do bem-estar e do desenvolvimento tem sido amplamente criticada, porque são muitas vezes utilizados erradamente como indicadores de bem-estar e de desenvolvimento humano, quando, na realidade, apenas dizem respeito à capacidade económica de um país ou a um nível médio de rendimento quando expresso por pessoa. As ideias de A. Sen e de outros cientistas orientais são reconhecidas em todo o mundo e são desenvolvidas pelo Ocidente, por exemplo, a Human Development and Capability Association (HDCA)[9] que foi lançada em setembro de 2004 na Quarta Conferência sobre Capacidades em Pavia, Itália, e apoiada pelo Canadian International Development Research Centre (IDRC), bem como uma revista com revisão por pares, o Journal of Human Development and Capabilities: A Multi-Disciplinary Journal for People-Centered Development.[10]

Apesar desta "união Ocidente-Oriente" no domínio do desenvolvimento centrado nas pessoas, é possível supor que o ceticismo de L. Mises pode, até certo ponto, ser justificado pelo facto de a noção de capacidades humanas dificilmente ser interpretada da mesma forma pelo Ocidente e pelo Oriente. Isto implica a "armadilha do progresso" que foi bem descrita por Ronald Wright no seu livro "A Short History of Progress" (2004): "Os caçadores paleolíticos que aprenderam a matar dois mamutes em vez de

---

[9] Amartya Sen foi o presidente fundador da HDCA e manteve-se como presidente até 2006, altura em que a filósofa Martha Nussbaum assumiu o cargo. Em 2008, sucedeu-lhe Frances Stewart, especialista em estudos de desenvolvimento. O economista Kaushik Basu assumiu a presidência em 2010 e foi substituído por outro economista, Tony Atkinson, em 2012.

[10] Foi criado em 2000 como Journal of Human Development, obtendo o seu título atual em 2009. Os seus editores-chefes fundadores foram Khadija Haq (Mahbub ul Haq Human Development Center), Richard Jolly (Institute of Development Studies) e Sakiko Fukuda Parr (United Nations Development Programme).

um tinham feito progressos. Os que aprenderam a matar 200, atirando uma manada inteira de um penhasco [melhorando as capacidades humanas, de acordo com uma certa compreensão da Abordagem das Capacidades Humanas] tinham feito demasiado. Muitas das grandes ruínas que enfeitam os desertos e as selvas da Terra são monumentos às armadilhas do progresso, as lápides de civilizações que se tornaram vítimas do seu próprio sucesso. O crescimento desenfreado do século XX colocou um fardo mortífero sobre o planeta. Este problema moderno é tão antigo como a civilização. Só compreendendo os padrões de progresso e desastre que a humanidade tem repetido desde a Idade da Pedra é que podemos reconhecer os perigos inerentes e, com sorte e sabedoria, moldar o seu resultado". Em "The Progress Paradox" (2004), G. Easterbrook baseia-se em três décadas de investigação e reflexão abrangentes para fazer a afirmação persuasiva de que quase todos os aspectos da vida ocidental melhoraram muito no último século - e, no entanto, atualmente, a maioria dos homens e mulheres sente-se menos feliz do que nas gerações anteriores. Charles Murray, no seu livro "Human Accomplishment: The Pursuit of Excellence in the Arts and Sciences, 800 a.C. to 1950" (2003), explica esse paradoxo: "A inovação é incrementada por crenças de que a vida tem um propósito e que a função da vida é cumprir esse propósito; por crenças sobre bens transcendentais e um sentido de bondade, verdade e beleza; e por crenças de que os indivíduos podem agir eficazmente como indivíduos, e por uma cultura que lhes permita fazê-lo. Murray argumentou que há uma ausência disto na atual sociedade secularista e niilista que causou o declínio". Por sua vez, R. Wright ilustra como várias culturas ao longo da história fabricaram literalmente o seu próprio fim, produzindo uma superabundância de inovação e despojando-se dos elementos que lhes permitiram avançar inicialmente (Wright 2004).

Parece que R. Wright conseguiu identificar o desafio global moderno ligado a um progresso económico sem precedentes: "O capitalismo atrai-nos como a lebre mecânica perante os galgos, insistindo que a economia é infinita e que a partilha é, por isso, irrelevante. Apenas um número suficiente de galgos apanha uma lebre verdadeira de vez em quando para manter os outros a correr até caírem. No passado, eram apenas os pobres que perdiam este jogo; agora é o planeta" (Wright 2004). A tecnologia gerou uma profunda contradição entre aqueles que criam a civilização e aqueles que apenas gostariam de utilizar os seus produtos. O significado trágico das consequências desta nova estratificação é que o mundo moderno precisa, em primeiro lugar, de representantes do trabalho "auto-programável" e de um número relativamente pequeno de "trabalho genérico", a que pertence a grande maioria da população. Milhões de pessoas acabam por ser "socialmente excluídas". Não são necessárias no mundo moderno, nem mesmo como objeto de exploração, simplesmente não há lugar para elas. Nem as classes dominantes nem a sociedade em geral precisam da classe que está sujeita à exclusão, e não dependem dela, pelo menos, economicamente (Tihonova 2006).

De momento, o problema de investigação é que as perdas da humanidade causadas pelo progresso tecnológico, ou seja, o preço humanitário do progresso tecnológico, durante várias décadas, como a análise da literatura científica mostrou, têm sido objeto de debates emocionais entre cientistas e activistas sociais, mas não de cálculos económicos que permitam aos investigadores avaliar com precisão e objetividade o preço humanitário do progresso tecnológico. Muito provavelmente, as vias de desenvolvimento do território no mundo moderno escolhidas pelos países e regiões não dependem do montante desses custos e dificilmente serão qualitativa e quantitativamente idênticas para cada país do mundo. Por conseguinte, este cálculo não emocional do preço humanitário do progresso tecnológico para os diferentes países do mundo moderno, bem como a procura de opções para diminuir este preço, são as principais tarefas dos cientistas sociais no futuro, a fim de sair deste impasse de discussão que não tem fundamentação suficiente para apoiar qualquer posição.

3.2. Elementos-chave para uma investigação mais aprofundada

Problema de investigação: A análise da literatura científica, das estatísticas e dos resultados da investigação mostrou que, a par das realizações e dos êxitos no desenvolvimento económico, há também o preço que a humanidade (ou uma parte da humanidade) paga pelos novos benefícios recebidos em resultado de um progresso tecnológico sem precedentes. Este preço do progresso tecnológico tem sido, desde há décadas, objeto de debates acesos entre os apoiantes e os opositores do progresso tecnológico e do seu "ambiente ecológico" - economia de mercado, capitalismo radical, liberalismo, etc. No entanto, estes debates têm um carácter bastante emocional e contêm poucos argumentos e factos cientificamente fundamentados que confirmem ou refutem o elevado preço humanitário que a humanidade paga pelo seu progresso tecnológico. Por conseguinte, existe uma contradição entre a necessidade de identificar claramente e medir com precisão o preço humanitário do progresso tecnológico em vários países/regiões do mundo moderno e a falta de instrumentos cientificamente fundamentados para identificar e medir o preço do progresso, bem como de mecanismos para a sua redução em várias "economias-mundo".

Objetivo de futuras investigações empíricas e econométricas: elaborar e testar instrumentos cientificamente fundamentados para identificar e medir o preço humanitário do progresso tecnológico, bem como as formas de o diminuir que são aplicáveis a várias "economias-mundo".

Objeto de novas investigações empíricas e econométricas: preço humanitário do progresso tecnológico entendido como a diferença entre benefícios (emprego, melhoria das condições de vida, esperança de vida, educação, saúde, etc.) e prejuízos (desemprego, taxa de mortalidade, doenças, suicídios, taxa de criminalidade, etc.), que são consequências diretas ou indirectas do progresso tecnológico.

Hipótese de investigação: o desenvolvimento do território no mundo moderno diminui quando o preço humanitário do progresso tecnológico começa a ultrapassar os benefícios dele decorrentes e, consequentemente, o preço humanitário do progresso tecnológico determina diferentes trajectórias de desenvolvimento do território.

Questões de investigação que devem ser respondidas no âmbito da investigação: 1) Como é que o preço humanitário do progresso tecnológico pode ser identificado e calculado? 2) Quais são as diferenças nos preços humanitários do progresso tecnológico entre as "economias-mundo" existentes? 3) Qual é o potencial de cada "economia-mundo" atual para reduzir o preço humanitário do progresso tecnológico?

3.3. Abordagem científica: metodologia de investigação complementar

A abordagem científica/paradigma de pensamento, que será utilizada em futuras investigações empíricas e econométricas sobre o preço do progresso, baseia-se em dois pilares: compreensão concetual do preço humanitário e compreensão espacial do mundo moderno. O primeiro será entendido através da Lei económica da Produtividade Marginal Decrescente aplicada ao progresso tecnológico, o segundo - através da conceção de "economias-mundo" (ver Capítulos 1.1. e 1.2. deste livro) que formam um quadro espacial para as diferenças no preço humanitário do progresso tecnológico e os mecanismos da sua redução.

Compreensão concetual do preço humanitário através da lei da produtividade marginal decrescente aplicada ao progresso tecnológico. A lei da produtividade marginal decrescente é um princípio económico que afirma que, embora o aumento de um fator de produção e a manutenção de outros factores de produção ao mesmo nível possam inicialmente aumentar a produção, novos aumentos desse fator de produção terão um efeito limitado e, eventualmente, nenhum efeito ou um efeito negativo na produção. A lei da produtividade marginal decrescente ajuda a explicar por que razão o aumento da produção nem sempre é a melhor forma de aumentar a rendibilidade. A lei da produtividade marginal decrescente mostra que, em vez de continuar a aumentar o mesmo fator de produção, pode ser melhor parar num determinado nível e aumentar um fator de produção diferente ou produzir um produto ou serviço adicional ou diferente para maximizar o lucro.

Fonte: Obolenskaia 2014.

Fig. 11. **Aplicação artificial da lei da produtividade marginal decrescente ao ao progresso tecnológico (água) e ao desenvolvimento do território (flor)**

Esta lei foi descoberta pela primeira vez no século [XVII]. A lei afirmava que um aumento permanente do trabalho aplicado a um determinado pedaço de terra conduz a uma diminuição da produtividade desse pedaço de terra. Os economistas do século XIX aplicaram esta teoria apenas à esfera da agricultura e não tentaram outras aplicações da teoria. No século XX·a lei da produtividade marginal decrescente tornou-se universal e aplicável a todos os tipos de actividades de uma vez por todas. O autor supõe que, no século XXI, esta lei económica fundamental pode ser aplicada ao progresso tecnológico (produção, rendimento) e ao desenvolvimento do território (lucro). Por sua vez, os inputs (recursos, factores de produção) podem ser imaginados como recursos ou factores de progresso.

Na teoria macroeconómica clássica, existem três recursos ou factores de produção principais - a terra (todos os recursos naturais), o trabalho (a capacidade de trabalhar) e o capital (equipamento, finanças, edifícios, etc.); mais tarde, a capacidade de combinar recursos - o espírito empresarial - foi acrescentada aos três recursos ou factores de produção clássicos, e mais tarde ainda - a informação. Pensando no progresso tecnológico e no desenvolvimento do território, os autores propõem mais um recurso ou fator de produção vital - a moderação / abstinência das pessoas (a capacidade de satisfazer as necessidades, consumindo menos recursos materiais), ou mesmo a moralidade / bondade. Apesar de não serem categorias económicas, na realidade moderna de explosão de doenças e vícios civilizacionais, a moderação/ abstinência das pessoas torna-se economicamente valiosa.

Voltando à hipótese da investigação empírica posterior (ver capítulo 3.2.) de que o desenvolvimento do território no mundo moderno declina quando o preço humanitário do progresso tecnológico começa a ultrapassar os benefícios dele decorrentes, pode argumentar-se que a ultrapassagem do preço humanitário dos benefícios do progresso tecnológico, anteriormente referida, acontece quando, de acordo com a lei da produtividade marginal decrescente, a taxa de progresso científico-tecnológico (um fator de produção) não corresponde ao nível de progresso moral-espiritual das pessoas (outro fator de produção) no território concreto. Falando em sentido figurado, se uma pessoa tem um nível de desenvolvimento moral-espiritual tal que só a necessidade de satisfazer as necessidades físicas a pode levantar do sofá, deixe-a viver na pobreza material, pois a prosperidade (que é o resultado do progresso tecnológico) só a estragará nesse caso.

Compreensão espacial do mundo moderno através da conceção de "economias-mundo". A segunda parte da hipótese de investigação - o preço humanitário resultante do progresso tecnológico determina diferentes trajectórias de desenvolvimento do território - afirma que em vários países e regiões do mundo moderno o preço humanitário do progresso tecnológico e, consequentemente, a trajetória de desenvolvimento do território, podem ser diferentes. Mas coloca-se a questão de saber em que partes espaciais qualitativamente diferentes consiste o mundo moderno e qual é a natureza das diferenças significativas entre territórios. Uma resposta concetual a esta questão pode ser encontrada no paradigma das "economias-mundo" sugerido por F. Braudel e desenvolvido empiricamente pelo autor no Capítulo 1.2. deste livro.

FINAL: Principais resultados e conclusões

1.   Avaliando o desenvolvimento do território no mundo global moderno, o autor sugere que se abandone a compreensão quantitativa deste fenómeno, que se restringe especificamente à economia. O principal foco e objetivo de qualquer desenvolvimento territorial não é a produção de mais bens e serviços (que em muitos casos são "anti-bens" e "anti-serviços"), mas a "produção de pessoas de qualidade" nesse território, ou seja, pessoas saudáveis, educadas, satisfeitas com as suas vidas, espirituais e ricas. Os dados estatísticos e os controlos internacionais mostram que um nível elevado de produção e de outros indicadores económicos nos países do mundo nem sempre se transforma numa "qualidade elevada" da população desses países, ou seja, nem sempre permite atingir o objetivo principal do desenvolvimento do território.

2.   Tendo em consideração a importância crescente da limitação dos recursos naturais no mundo global, bem como o papel determinante da infraestrutura social no processo de utilização dos recursos, o autor enfatiza dois factores-chave para o desenvolvimento a longo prazo dos países: a baixa utilização dos recursos (no âmbito desta investigação - a utilização da energia) e uma elevada qualidade da infraestrutura social. Utilizando estes dois indicadores, é possível identificar no mundo global as chamadas "economias-mundo" (que, do ponto de vista de um paradigma pluralista (qualitativo) de desenvolvimento do território, não podem ser consideradas territórios "desenvolvidos" ou "subdesenvolvidos" - são apenas "desenvolvimentos" essencialmente diferentes, mas igualmente funcionais).

3.   A análise dos dados empíricos relativos a 124 países do mundo, de acordo com os indicadores da utilização de energia per capita e da qualidade das infra-estruturas sociais, permitiu ao autor identificar duas "economias-mundo" estabelecidas e bastante grandes e duas economias-mundo emergentes. "Ecologistas com infra-estruturas sociais deficientes" ("grupo do Brasil/Índia grupo do Brasil/Índia") e "consumidores de energia com forte

Os "ecologistas com fortes infra-estruturas sociais" ("grupo da China") e os "consumidores de energia com fracas infra-estruturas sociais" ("grupo da Rússia") referem-se aos primeiros.

4.   Apesar de, no quadro de um paradigma pluralista de desenvolvimento do território, todas estas "economias-mundo" serem funcionais, capazes e terem a sua própria "missão" no mundo global, a "economia-mundo" que é composta pelos países "ecologistas com fortes infra-estruturas sociais" é considerada mais progressista, mas não mais desenvolvida do ponto de vista de um paradigma evolutivo (quantitativo) de desenvolvimento do território.

5.   Alguns indicadores do estado de desenvolvimento destas "economias-mundo" - Índice de Desenvolvimento Humano, Índice de Competitividade Global e suas alterações, PIB per capita e suas alterações, "preço energético" do PIB, bem como alterações na população - demonstram que as "economias-mundo" identificadas nesta investigação alcançam o desenvolvimento humano, desenvolvimento económico e competitividade através da combinação de várias estratégias no domínio da utilização da energia e das infra-estruturas sociais, e dividem-se em "amigas da natureza" (as que se concentram na utilização máxima e reduzida de energia no seu desenvolvimento) e "amigas do homem" (as que se concentram na criação de um ambiente institucional que permita a eficiência da atividade económica e a utilização eficiente dos recursos no seu desenvolvimento).

6.   No entanto, no mundo moderno emergem "economias-mundo" de um novo tipo - "es" amigas da natureza e do homem com fortes infra-estruturas sociais (o núcleo é a China), bem como o seu oposto - "consumidores de energia com fracas infra-estruturas sociais" (o núcleo é a Rússia). A hipótese desta investigação é que o desenvolvimento do território no mundo moderno é possível sem a aceleração da produção e do consumo intensivos de recursos, mas através da melhoria de um ambiente institucional dentro de um país, o que é provado pelo exemplo dos países "ecologistas com fortes infra-estruturas sociais" que, apesar da falta de crescimento do PIB (em média no grupo de países) nos últimos 5 anos, ainda têm indicadores bastante elevados de competitividade geral e de desenvolvimento humano (incluindo a "qualidade da população" e o seu crescimento quantitativo).

7.   No âmbito desta investigação, a Islândia e o Camboja foram identificados como países para o estudo de caso. A razão foi a seguinte: A Islândia tem um nível de

competitividade relativamente elevado (medido pelo Índice de Competitividade Global (ICG) criado pelo Fórum Económico Mundial) e, ao mesmo tempo, uma capacidade de crescimento negativa, ou seja, uma tendência de declínio relativamente rápido desta competitividade. A variação média anual do ICG da Islândia para o período 2005-2015 é de -0,05 pontos na escala de 1 a 7, e este declínio é um dos mais elevados do mundo. Por outro lado, o Camboja tem um nível de competitividade relativamente baixo e, ao mesmo tempo, uma capacidade de crescimento positiva, ou seja, uma tendência de aumento relativamente rápido desta competitividade. A variação média anual do ICG do Camboja para o período 2005-2015 é de +0,07 pontos na escala de 1 a 7, e este crescimento é um dos mais elevados do mundo.

8.   A análise das tendências das alterações dos subíndices do Índice de Competitividade Global da Islândia mostrou que, no período de crise, as infra-estruturas sociais da Islândia foram as que mais sofreram, provando mais uma vez que uma distribuição relativamente honesta dos recursos "de acordo com as capacidades de cada um, mas não puxando os cordelinhos" em qualquer país do mundo (mesmo num país como a Islândia, com o seu elevado nível de desenvolvimento das instituições e das infra-estruturas sociais) só pode ser implementada durante os períodos de estabilidade e crescimento, mas não de crise. Além disso, o ambiente empresarial sofisticado, competitivo e inovador (o orgulho e o motor do desenvolvimento territorial da Islândia no período pré-crise) também ficou em risco em resultado da crise - muito provavelmente está diretamente relacionado com a deterioração acima referida da qualidade das infra-estruturas sociais.

9.   O estudo de caso sobre o desenvolvimento do território do Camboja mostra, em primeiro lugar, que as estatísticas oficiais e os dados dos relatórios oficiais sobre o desenvolvimento do território do Camboja diferem muito das evidências e opiniões dos peritos locais - provavelmente, diferem também da vida real dos cambojanos, que apenas começam a recuperar da terrível herança histórica da guerra civil e do regime totalitário dos anos 70 (parece que a primeira geração, que está livre do medo do terrorismo, começa a agir no espaço político, económico e social do Camboja). É por isso que o autor designa o caso cambojano de desenvolvimento territorial como

"crescimento controverso".

10.   Todos os factos mencionados nesta investigação sobre países cujo elevado PIB se baseia, em parte, nos vícios humanos (alcoolismo, toxicodependência, etc.) e nos desejos das pessoas que poderiam ser objeto de psiquiatria (cosméticos e exercícios de ioga para cães, excursões para brinquedos, etc.) levam-nos a questionar a eficiência da utilização dos recursos pelas pessoas e a sustentabilidade do progresso nos chamados países "desenvolvidos" - aqueles com um elevado nível de rendimento que escolheram uma via de desenvolvimento baseada na economia de mercado e na sociedade de consumo - bem como a sua capacidade de crescimento futuro.

11.   O progresso tecnológico cria profundas contradições entre aqueles que construíram uma civilização e aqueles que apenas utilizam os seus produtos. O preço humanitário deste progresso torna-se, possivelmente, demasiado elevado nos dias de hoje e, por conseguinte, restringe e, em alguns casos, até faz recuar o progresso nos países que atingiram um elevado nível de competitividade e um elevado nível de vida.

12.   O preço humanitário do progresso tecnológico, durante várias décadas, como a análise da literatura científica demonstrou, tem sido objeto de debates emocionais entre cientistas e activistas sociais, mas não de discussões metodológicas e cálculos econométricos que permitam aos investigadores avaliar com precisão e objetividade o preço humanitário do progresso tecnológico.

13.   A abordagem científica, que é proposta para utilização em futuras investigações sobre a questão do preço do progresso, baseia-se em dois pilares: compreensão concetual do preço humanitário e compreensão espacial do mundo moderno. O primeiro é entendido através da lei económica da produtividade marginal decrescente aplicada ao progresso tecnológico, o segundo - através da conceção de "economias-mundo" que formam um quadro espacial para as diferenças no preço humanitário do progresso tecnológico e os mecanismos da sua redução.

REFERÊNCIAS

Avdiiev, I.M. (1990). *Problemas actuais do Islão na economia.* Moscovo: Nauka. [Em russo].

Barro, R.J., Sala-i-Martin, X. (1991). Convergence across states and regions. *Brooking Papers on Economic Activity,* 1, pp. 107-182.

Barro, R.J., Sala-i-Martin, X. (1992). Convergence. *Journal of Political Economy,* 100(2), pp. 223-251.

Barro, R.J., Sala-i-Martin, X. (1997). Technological diffusion, convergence, and growth (Difusão tecnológica, convergência e crescimento). *Journal of Economic Growth,* 2(1), pp. 1-26.

Boronenko, V. (2007). *Abordagem de clusters para o desenvolvimento regional no domínio do conhecimento*

Economia. Daugavpils: Editora DU "Saule". [Em letão].

Boronenko, V. (2009). *O Papel dos Clusters no Desenvolvimento da Competitividade Regional: Resumo da tese de doutoramento.* Jelgava: Faculdade de Economia da LUA.

Boronenko, V. (2013). Paquistão: Notas sobre a conferência internacional e mais. *Boletim de Ciências Sociais,* 16(1), pp. 94-104.

Boronenko, V. (2014). *Role of Clusters in Regional Competitiveness (Papel dos Clusters na Competitividade Regional).* LAP

LAMBERT Academic Publishing.

Boronenko, V., Drezgic, S. (2014). Determinantes económicos da competitividade do território e da sustentabilidade do desenvolvimento. *Boletim de Ciências Sociais,* 19(2), pp. 44-67.

Boronenko, V., Lonska, J. (2013). Repensar o desenvolvimento do território em pesquisas comparativas globais. *Revista Científica Europeia,* 2, pp. 52-62.

Braudel, F. (1967). *Civilização e capitalismo, séculos XV-XVIII.* Berkeley: University of California Press.

Bulgakov, S.N. (2000). *Filosofia da Economia.* Moscovo: Iurist. [Em russo].

Capek, K. (1955). *War with the Newts.* Bantam Books.

Cheshire, P.C., Carbonaro, G. (1995). Convergência-divergência nas taxas de crescimento regional: uma caixa negra vazia? Em H.W. Armstrong, R.W. Vickerman (Eds.), *Convergence and Divergence among European Regions*. London: Pion Ltd.

Cheshire, P.C., Magrini, S. (2000). Endogenous processes in European regional growth: convergence and policy. *Growth and Change*, 31(4), pp. 455-479.

Deliagin, M. (2015). *O mundo habitual está quebrado: Rússia e China têm que criar um novo*. Recuperado de http://svpressa.ru/politic/article/121275/?rss_mirtesen=1. [Em russo]

Efremenko, D.V., Meleshkina, E.Y. (2014). Teoria da modernização sobre os caminhos do desenvolvimento social e económico.*Sotsiologicheskiye Issledovaniya*, 362(6), pp. 3-12. [Em russo]

Friedman, D. (1973). *The Machinery of Freedom*. Arlington House.

Friedman, D. (1989). *The Machinery of Freedom: Guide to a Radical Capitalism*, 2th Edition. Open Court Publishing Company.

Friedman, D. (1998). On economic applications of evolutionary game theory. *Journal of Evolutionary Economics*, 8(1), pp. 15-43.

Friedman, D. (2014). *A Maquinaria da Liberdade: Guia para um Capitalismo Radical*, 3ª Edição. Open Court Publishing Company.

Friedman, M. (1962). *Capitalism and Freedom*. Chicago: University of Chicago Press.

Global Footprint Network, Iniciativa Mediterrânica para a Pegada Ecológica. (2015). *Porque é que os limites de recursos estão agora a minar o desempenho económico?* Recuperado de http://www.footprintnetwork.org/images/article_uploads/Med_Policy_Brief_English.pdf.

Hall, R.E., Jones, Ch.I. (1998). Why do some countries produce so much more output per worker than others? *Quarterly Journal of Economics*, 114, pp. 83-116.

Hanks, P. (Ed.) (2009). *Collins English Dictionary*. 10ª edição. Glasgow: HarperCollins.

Haq, M. (1995). *Relatório sobre o Desenvolvimento Humano 1995*. Nova Iorque: Programa das Nações Unidas para o Desenvolvimento.

Hayek, F.A. (1941). *The Pure Theory of Capital*. Chicago: University of Chicago

Press.

Johannesson, H. (2010a). *Actividades de grande escala em comunidades de pequena escala: Experiências da Islândia Oriental.* Retrieved from http://www.norden.org/sv/nordiska- ministerraadet/samarbetsministrarna-mr-sam/arktis/kalender/arctic-2013-changing- realities/tal-och-presentationer/hjalti-johannesson-large-scale-activities-in-small- scale-communities.

Johannesson, H. (2010b). *Megaprojectos no Norte Circumpolar: Broadening the horizon, gaining insight, empowering local stakeholders - Social impacts: The case of the Kárahnjúkar power plant and Alcoa Fjaróál plant in Iceland.* Obtido em http://library.arcticportal.org/1487/1/Megaprojects_Circumpolar_North_Social-impacts_RHA_appendix_Aug-10.pdf.

Johannesson, H., Heidarsson, J.D., Sigurbjarnarson, V. (2010). *Impacto social de uma fábrica de alumínio no leste da Islândia 2002-2008: Main Findings.* Obtido em http://www.smv. gl/Baggrundsrapporter/Social_impacts_East_Iceland_vs_Maniitsoq_ June_2010.pdf.

Kipling, R. (2001). *Sacred Islands: Poetry and Prose.* Moscovo: EKSMO-Press. [Em russo].

Kiva, A.V. (2014). Países do BRIK em sonhos e realidade. *Sotsiologicheskiye Issledovaniya,* 365(9), pp. 4-16. [Em russo]

Kraus, K. (1974). *Os Últimos Dias da Humanidade: Tragedy in Five Acts with Preamble and Epilogue [Tragédia em Cinco Actos com Preâmbulo e Epílogo].* New York: F. Ungar Pub. Co.

Lahart, J., Barta, P., Batson, A. (2008). New limits to growth revive os receios malthusianos. *O Wall Street Journal.* Recuperado de http://www.wsj.com/articles/SB120613138379155707.

Lonska, J., Boronenko, V. (2012). Correlação dos índices de desenvolvimento territorial objectivos e subjectivos no mundo. *European Integration Studies,* 6. Obtido em http://www.eis.ktu.lt/index.php/EIS/article/view/1468.

Lonska, J., Boronenko, V. (2013). Qual é o elemento-chave para o estado de desenvolvimento do território? *Academia Mundial de Ciências, Engenharia e Tecnologia,* 76(II), pp. 187-192.

Lopez-Claros, A. (Ed.) (2006). *The Global Competitiveness Report 2006-2007.* Genebra: Fórum Económico Mundial.

Lopez-Claros, A., Porter, M.E., Schwab, K. (Eds.) (2005). *The Global Competitiveness Report 2005-2006: Policies Underpinning Rising Prosperity.* Genebra: Fórum Económico Mundial.

Lopez-Claros, A., Schwab, K. (Eds.) (2007). *The Global Competitiveness Report 2007-2008.* Genebra: Fórum Económico Mundial.

Malkovskaia, I. A. (2005). Globalização e desafio transcultural do mundo não ocidental. *Sotsiologicheskiie issledovaniia,* 12, pp. 3-13. [Em russo]

Meadows, D.H., Meadows, D.I., Randers, J. & Behrens III, W.W. (1972). *The Limits to Growth: A Report to the Club of Rome.* Washington: Potomac Associates.

Meadows, D.H., Randers, J., Meadows, D.L. (2004). *Limits to Growth: The 30-Year Update.* Chelsea Green Publishing Company, White River Junction VT.

Meliantsev, V.A. (2004). *O mundo árabe-islâmico no contexto global: Estimativa comparativa do desempenho macroeconómico e social.* Apresentação. Moscovo. [Em russo].

Milgate, M., Newman, P. (Eds.) (1989). *Social Economics.* The New Palgrave, The Macmillan Press Limited.

Mises, L. (1927). *Liberalism In The Classical Tradition.* Jena: Gustav Fischer Verlag.

Mises, L. (2004). *The Free Market and Its Enemies: Pseudociência, Socialismo e Inflação.* Fundação para a Educação Económica.

Obolenskaia, Iu. (2014). *Lei da produtividade marginal decrescente.* Recuperado de http://fb.ru/article/133864/zakon-ubyivayuschey-predelnoy-proizvoditelnosti-zakon-ubyivayuschey-predelnoy-proizvoditelnosti-faktorov#image349919. [Olsem, J.-P. (2013). Caraterísticas claras e incertezas no alvorecer do novo sistema económico. In V. Kandzija (Ed.), *Proceedings of 9th International Conference "Economic Integrations, Competition and Cooperation",* (pp. 41-52). Rijeka: Universidade de Rijeka.

Pakholok, O. (2013). A ideia de estilo de vida saudável e a sua transformação em estilo de vida orientado para a saúde na sociedade contemporânea. *SAGE Open,* julho-setembro, pp. 1-10.

Rockwell, L. (2014). *Contra o Estado: Um Manifesto Anarco-Capitalista.* LRC.

Quah, D.T. (1993). Galton's fallacy and tests of the convergence hypothesis (A falácia de Galton e os testes da hipótese de convergência). *Scandinavian Journal of Economics,* 95, pp. 427-443.

Quah, D.T. (1996). Twin peaks: growth and convergence in models of distribution dynamics [Picos gémeos: crescimento e convergência em modelos de dinâmica da distribuição]. *Jornal Económico,* 106, pp. 1045-1055.

Quah, D.T. (1997). Convergence empirics across economies with (some) capital mobility. *Journal of Economic Growth,* março, 1, pp. 95-124.

Rosefielde, S. (2002). *Sistemas Económicos Comparados: Culture, Wealth and Power in the 21st Century.* Londres: Blackwell Publishers.

Sala-i-Martin, X. (1995). A abordagem clássica da análise de convergência. *Economics Working Papers,* 117, Universidade de Yale, Universitat Pompeu Fabra.

Sala-i-Martin, X., Bilbao-Osorio, B., Blanke, J., Drzeniek-Hanouz, M., Geiger, T., Ko, C. (2013). O Índice de Competitividade Global 2013 -2014: sustentando o crescimento, construindo resiliência. Em K. Schwab (Ed.), *The Global Competitiveness Report 20132014* (pp. 3-52). Genebra: Fórum Económico Mundial.

Schumpeter, J. (1934). *The Theory of Economic Development: An Inquiry Into Profits, Capital, Credit, Interest, and the Business Cycle [Uma investigação sobre lucros, capital, crédito, juros e o ciclo económico].* Transaction Publishers. Schumpeter, J. (1989). *Essays: On Entrepreneurs, Innovations, Business Cycles, and the Evolution of Capitalism.* Transaction Publishers.

Schwab, K. (Ed.) (2008). *The Global Competitiveness Report 2008-2009 (Relatório sobre a competitividade global 2008-2009).* Genebra: Fórum Económico Mundial.

Schwab, K. (Ed.) (2009). *Relatório sobre a Competitividade Global 2009-2010.* Genebra: Fórum Económico Mundial.

Schwab, K. (Ed.) (2010). *The Global Competitiveness Report 2010-2011.* Genebra:

Fórum Económico Mundial.

Schwab, K. (Ed.) (2011). *The Global Competitiveness Report 2011-2012 [Relatório sobre a competitividade global 2011-2012]*. Genebra: Fórum Económico Mundial.

Schwab, K. (Ed.) (2012). *Relatório sobre a Competitividade Global 2012-2013*. Genebra: Fórum Económico Mundial.

Schwab, K. (Ed.) (2013). *Relatório sobre a Competitividade Global 2013-2014*. Genebra: Fórum Económico Mundial.

Schwab, K. (Ed.) (2014). *Relatório sobre a competitividade global 2014-2015*. Genebra: Fórum Económico Mundial.

Schwab, K. (Ed.) (2015). *Relatório sobre a competitividade global 2015-2016*. Genebra: Fórum Económico Mundial.

Sen, A. (1983). Desenvolvimento: Which way now? *Jornal Económico,* 372(93), pp. 742762.

Simpson, S.D. (2016). *Macroeconomia: Desempenho e crescimento económico.* Recuperado de http://www.investopedia.com/university/macroeconomics/macroeconomics9.asp.

Slczingcr, G.E. (2001). *Economia Social.* Moscovo: Editora "Dclo c Scrvis".

Speransky, V. (2011). O ressentimento como componente permanente das relações internacionais: possibilidades de limitação do seu impacto na consciência pública na Polónia e na Rússia. *Boletim de Ciências Sociais,* 13(2), pp. 7-21.

Stankevics, A., Ignatieva, S., Mensikovs, V. (2014). Contribuição do ensino superior para o desempenho económico e a capacidade de inovação na Letónia: Exploratory research.
Economic Annals, 202(59), pp. 7-41.

Estatísticas da Islândia. (2016a) Exportações por países, anos e meses 1988-2014, Exportações por países abril de 2015. *Comércio externo: Exportações de bens.* Retirado de http://www.statice.is/Statistics/External-trade/Exports.

Estatísticas da Islândia. (2016b) Importações por países, anos e meses 1988-2014, Importações por países abril de 2015. *Comércio externo: Importações de bens.* Retirado de http://www.statice.is/Statistics/External-trade/Imports.

Tahvonen, O. (1998). *Economic Sustainability and Scarcity of Natural Resources: A Brief Historical Review.* Obtido de http://www.rff.org/files/sharepoint/WorkImages/Download/RFF-IB-00-tahvonen.pdf.

Thirlwall, A.P. (2005). *Growth and Development: With Special Reference to Developing Economies*, 8ª edição. London: Palgrave Macmillan.

Thirlwall, A.P. (2011). *Economics of Development.* London: Palgrave Macmillan.

Tihonova, N. (2006). Abordagem de recursos como um novo paradigma teórico na investigação sobre estratificação. *Sotsiologicheskiie issledovaniia*, 9, pp. 28-40. [Em russo] Todaro, M.P., Smith, S.C. (2011). *Economic Development,* 11th Edition. The Pearson Series in Economics, Prentice Hall.

Toffler, A. (1970). *Future Shock.* Random House.

Toffler, A. (1980). *Third Wave.* Bantam Books.

PNUD. (2013). *Relatório de Desenvolvimento Humano 2013, A Ascensão do Sul: Progresso Humano num Mundo Diverso.* Nova Iorque: Programa das Nações Unidas para o Desenvolvimento.

Banco Mundial. (2015). *Utilização de energia (kg de equivalente de petróleo per capita).* Recuperado de http://data.worldbank.org/indicator/EG.USE.PCAP.KG.OE.

Organização Mundial da Saúde. (2013). *Estatísticas Mundiais de Saúde 2013.* Retrieved from http://apps.who.int/iris/bitstream/10665/81965/1/9789241564588_eng.pdf.

Wright, R. (2004). *Uma Breve História do Progresso.* Casa da Imprensa Anansi.

Zoega, G. (2013). O Ocidente como um clube (quase) exclusivo. *Série de Documentos de Trabalho do Instituto de Estudos Económicos,* W13:08. Reykjavik: Universidade da Islândia.

yes
I want morebooks!

Buy your books fast and straightforward online - at one of world's fastest growing online book stores! Environmentally sound due to Print-on-Demand technologies.

Buy your books online at
www.morebooks.shop

Compre os seus livros mais rápido e diretamente na internet, em uma das livrarias on-line com o maior crescimento no mundo! Produção que protege o meio ambiente através das tecnologias de impressão sob demanda.

Compre os seus livros on-line em
www.morebooks.shop

Printed by Books on Demand GmbH, Norderstedt / Germany